D1343598

La peur
d'avoir peur

Données de catalogage avant publication (Canada)

Marchand, André, 1951-

La peur d'avoir peur: guide de traitement du trouble panique avec agoraphobie

Réédition

(Collection Partage)

ISBN 2-7604-0620-2

1. Agoraphobie - Traitement. 2. Panique (Psychologie) - Traitement. 3. Phobies - Traitement. 4. Évitement (Psychologie). 5. Autothérapie. I. Letarte, Andrée, 1961- . II. Titre. III. Collection: Collection Partage (Montréal, Québec).

RC552.A44M37 2001   616.85'22506   C2001-940528-6

© 2001, Les Éditions internationales Alain Stanké
Dépôt légal: Bibliothèque nationale du Québec, 2001
ISBN 2-7604-0620-2

La Conseil des Arts | The Canada Council
DU CANADA | FOR THE ARTS
DEPUIS 1957 | SINCE 1957

Les Éditions internationales Alain Stanké remercient le Conseil des arts du Canada et la Société de développement des entreprises culturelles (SODEC) de l'aide apportée à leur programme de publication.

Nous reconnaissons l'aide financière du gouvernement du Canada par l'entremise du Programme d'aide au développement de l'industrie de l'édition (PADIÉ) pour nos activités d'édition.

Stanké international
12, rue Duguay-Trouin
75006 Paris
Tél.: 01.45.44.38.73
Téléc.: 01.45.44.38.73
edstanke@cybercable.fr
www.stanke.com

Les Éditions internationales Alain Stanké
615, boul. René-Lévesque Ouest, bureau 1100
Montréal (Québec) H3B 1P5
Tél.: (514) 396-5151
Téléc.: (514) 396-0440
editions@stanke.com

IMPRIMÉ AU QUÉBEC (CANADA)

Diffusion au Canada: Québec-Livres
Diffusion hors Canada: Inter Forum

ANDRÉ MARCHAND
ANDRÉE LETARTE

La peur
d'avoir peur

Guide de traitement du trouble
panique avec agoraphobie

Stanké
PARTAGE

TABLE DES MATIÈRES

Remerciements

Nous remercions tous les individus aux prises avec un trouble panique qui ont participé activement aux traitements que nous avons offerts au cours des dernières années. Grâce à eux, nous pouvons aujourd'hui publier ce guide qui aidera à son tour d'autres personnes atteintes du même trouble. Nous remercions également tous les gens qui, de près ou de loin, ont participé au processus d'élaboration, d'évaluation et de traitement des différents groupes de thérapie offerts au module de thérapie behaviorale de l'hôpital Louis-Hippolyte Lafontaine et au Centre de psychologie behaviorale. De plus, tout le travail clinique et de recherche qui a précédé la rédaction de cet ouvrage a été facilité par le support des autorités de l'hôpital Louis-Hippolyte Lafontaine et de l'Université du Québec à Montréal.

Un merci particulier est adressé à Mmes Carole Chardonnais et Suzanne Comeau ainsi qu'à MM. Robert Ladouceur et Paul Lewis, pour leurs commentaires judicieux suite à la lecture de la première version de ce livre.

Introduction

Depuis quelques années, nous avons traité plusieurs centaines de personnes atteintes d'un trouble panique avec agoraphobie. Des gens habités par la **peur d'avoir peur**, la **peur de perdre le contrôle**, la **peur d'avoir une attaque de panique.** Durant leur thérapie, lors de conférences ou de discussions, plusieurs nous ont exprimé le besoin de lire sur le trouble panique avec agoraphobie. Nous n'avions rien de concret à leur proposer car il n'existait aucun ouvrage de vulgarisation en français traitant de leurs difficultés et des différentes stratégies d'intervention efficaces.

C'est donc avec beaucoup de plaisir que nous vous présentons ce livre que nous savions attendu autant par les intervenants que par les gens atteints par ce type de phobie. Il va permettre à nombre d'individus atteints d'un trouble panique de mieux comprendre enfin leur problème, de se traiter par eux-mêmes ou, à tout le moins, de mieux comprendre la démarche qu'ils poursuivent en thérapie.

Tout au long de la rédaction, nous avions constamment en tête d'expliquer le plus clairement et le plus simplement possible en quoi consiste le trouble panique avec ou sans agoraphobie que les individus atteints décrivent souvent en disant qu'ils ont **peur d'avoir peur, peur de perdre le contrôle, peur d'avoir une crise cardiaque, de perdre connaissance, de mourir, de devenir fou, bref, peur d'avoir une attaque de panique.** Ce guide leur sera utile de plusieurs façons.

Tout d'abord, nous désirons mieux faire connaître ce problème qui demeure méconnu, malgré le grand nombre de gens qui s'en trouvent atteints au cours de leur vie. Nous voulons le faire connaître autant de la population en général, les individus atteints, les membres de leur entourage, les associations d'entraide, les gouvernements, les corporations professionnelles et le grand public, que des spécialistes, médecins, psychologues, psychiatres. En effet, avant de venir nous consulter, la souffrance ainsi que les conséquences négatives subies par les gens atteints de cette affliction se sont souvent aggravées parce qu'ils n'ont pas été diagnostiqués rapidement et n'ont donc pas reçu le traitement approprié. Ainsi, si ce livre permet aux personnes atteintes de comprendre plus vite ce qui leur arrive et d'être mieux diagnostiquées, notre premier objectif sera atteint.

Notre second objectif vise à réduire la détresse des gens de plusieurs façons. Tout d'abord, en leur permettant de bien comprendre ce qui leur arrive et de savoir qu'ils sont nombreux à vivre ce problème. Nous voulons éliminer cette fausse impression qu'ils souffrent d'un mal imaginaire dont ils sont les seuls à être atteints. Nous les rassurons en présentant des informations justes, des modes d'évaluation précis et des stratégies de traitement qui ont fait leurs preuves et qui, nous l'espérons, vont les aider à reprendre le contrôle de leur vie.

Troisièmement, nous souhaitons réduire leur détresse en leur présentant une démarche personnelle (autotraitement) qui leur permette de ne plus gérer leur vie en fonction de leur peur, mais plutôt en fonction de leurs envies et de leurs capacités.

Nous étions donc habités par le souci constant de permettre aux gens de se traiter par eux-mêmes, si possible, ou d'utiliser le livre pour les aider dans leur démarche psychothérapeutique. Bon nombre d'entre eux y parviendront. Ceux qui éprouveront des difficultés à entreprendre seuls cette démarche pourront à tout le moins prendre plus d'initiatives dans leur psychothérapie en étant eux aussi des «spécialistes» de leur problème et des stratégies d'intervention disponibles et efficaces.

Finalement, nous voulions que cet ouvrage puisse servir aux professionnels de la santé pour les informer sur cette problématique et ses conséquences, mais également pour qu'ils puissent l'utiliser comme outil de référence lors de l'évaluation et du traitement du trouble panique. En plus d'augmenter ou d'approfondir leurs connaissances dans le domaine, il pourra constituer un instrument thérapeutique et pédagogique pour leur clientèle.

Il s'agit donc d'un outil de travail simple et pratique. Le premier chapitre explique les différences entre la peur et la phobie et présente les critères diagnostiques des différentes phobies, en mettant l'accent sur le trouble panique avec agoraphobie. Il s'avère essentiel de s'assurer qu'il s'agit bien du problème dont vous souffrez avant d'en entreprendre l'autotraitement.

Le second chapitre expose, avec de nombreux exemples, le développement de ce trouble. Comment survient la première panique, comment les gens se mettent à éviter et deviennent habités par une peur constante de vivre de nouveau des sensations qui les terrorisent.

Dans le chapitre suivant, nous proposons une stratégie d'évaluation précise de la façon dont se présente pour chaque personne le problème d'agoraphobie. Le trouble demeure toujours le même mais chaque personne le vit à sa façon, influencée par son histoire et sa personnalité. Cette étape est essentielle pour aider la personne à bien se connaître et surtout à bien planifier son traitement.

Les chapitres 4 et 5 présentent diverses méthodes de traitement. Le chapitre 4 vise à démystifier la panique et propose un procédé pour affronter sans trop de difficultés les situations devenues phobiques. Le chapitre suivant vise plutôt à inciter les gens à reprendre le contrôle de leur discours intérieur inadéquat dans les situations d'anxiété. Des méthodes permettant de remplacer les pensées et les images catastrophiques par des pensées et des images réalistes augmenteront votre confiance personnelle. On y aborde également la rééducation respiratoire, qui permet de réduire l'apparition et l'intensité des sensations redoutées. Nous présentons finalement une procédure d'exposition aux sensations physiques de panique.

Le sixième et dernier chapitre se veut d'un tout autre ordre. Il présente plutôt certaines avenues concernant un travail plus général et préventif. Il propose des stratégies visant à augmenter la confiance en soi et la satisfaction personnelle. Sans traiter directement le trouble qui nous occupe, ces stratégies peuvent aider à maintenir les acquis effectués lors du traitement, en augmentant le bien-être de la personne, la rendant ainsi moins vulnérable à une réapparition du symptôme. Nous y discutons également du rôle de l'entourage de l'agoraphobe, qui peut avoir un impact très important dans l'entretien ou la résolution du problème.

Nous vous incitons fortement à faire une première lecture rapide de ce guide pour ensuite le relire et entreprendre votre autotraitement. Pourquoi? Parce que si vous avez une vision globale du problème, vous serez plus confiant et nous croyons que vous réussirez mieux à employer les différentes méthodes de changement proposées. De plus, comme nous l'expliquons dans le dernier chapitre, l'agoraphobie constitue un problème complexe et souvent il s'avère utile de connaître les divers aspects du traitement pour réussir à appliquer l'un d'entre eux.

Nous sommes heureux de vous présenter cet outil de changement. Nous souhaitons surtout, si vous êtes atteint d'un trouble panique avec agoraphobie, vous redonner l'espoir d'en sortir. Les cartes sont maintenant entre vos mains, il ne tient qu'à vous de les jouer pour retrouver votre liberté.

André Marchand et Andrée Letarte
PSYCHOLOGUES

PREMIÈRE PARTIE

Comprendre

Chapitre premier
Le monde des phobies

Plusieurs des termes propres à la psychologie font maintenant partie intégrante du langage courant. On dit que oncle Albert a des manies, que tante Gertrude a des phobies, que la cousine Jacqueline fait une dépression pendant que le voisin Gaston fait un *burnout*. Cependant, lorsqu'on y regarde de plus près, ces diagnostics donnés à la bonne franquette présentent souvent une très grande marge d'erreur.

Les manies s'avèrent souvent des obsessions-compulsions, la gêne peut être une phobie. De son côté, le *burnout* constitue présentement le diagnostic populaire qu'on associe à tous les maux. Les gens trouvent plus noble de faire un *burnout* qu'une dépression. Pourtant, lorsqu'on parle de souffrance psychologique, rien ne nous apparaît noble ou commun.

Cette utilisation de termes erronés n'a pas vraiment d'impact quand elle se limite aux conversations courantes. Toutefois, elle devient lourde de conséquences lorsqu'on aborde la question du traitement d'un problème. Il ne vous viendrait pas à l'idée de prendre de l'aspirine pour traiter une coupure. De la même façon, les stratégies de traitement présentent de grandes différences d'un problème psychologique à l'autre.

Pour cette raison, nous consacrons ce chapitre à la définition et à la description des différents types de phobies. Ainsi, si vous décidez d'employer les stratégies de traitement présentées dans ce livre, ce sera pour traiter un problème d'agoraphobie, non pas un autre trouble psychologique face auquel ces méthodes seraient inadéquates.

QU'EST-CE QU'UNE PHOBIE?

L'humain constitue un être complexe sur bien des aspects. Parlons simplement de l'éventail d'émotions qu'il peut ressentir. Certaines se révèlent agréables et recherchées, telles la joie, la surprise. D'autres apparaissent plutôt déplaisantes. Nous pouvons citer comme exemples la peur, la colère. Il est impossible de ne jamais ressentir ces émotions désagréables. La **peur** s'avère d'ailleurs précieuse dans les situations de danger réel où elle nous pousse à agir, soit en affrontant la menace, soit en fuyant celle-ci.

Toutefois, certaines personnes éprouvent de la peur même dans des situations objectivement non dangereuses. Elles souffrent alors de problèmes que l'on nomme phobiques. Certaines phobies affectent peu la personne atteinte alors que d'autres phobies handicapent l'individu au point de le rendre dysfonctionnel. Le trouble panique avec agoraphobie s'avère la plus complexe de toutes les phobies. Mais avant d'aller plus avant, prenons le temps de bien distinguer la peur de la phobie.

PEUR...

La peur constitue non seulement une réaction parfaitement normale mais elle se révèle un atout essentiel pour l'être humain. Ne pas la connaître équivaut à courir un danger bien plus grand encore. La peur tient lieu de signal d'alarme pour notre mécanisme de défense et, dans certaines situations, elle assure notre survie. Bien que peu agréable, il s'agit donc d'une émotion vitale. Elle consiste à prendre conscience d'un danger, d'une menace. Le danger peut être immédiat, comme lorsqu'une automobile surgit alors qu'on s'apprête à traverser la rue. Il peut être anticipé, comme dans le cas où on appréhende une agression en marchant dans un quartier peu sécuritaire de la ville, la nuit.

Essentiellement, la peur est liée à une situation spécifique et identifiable comportant un danger réel, qu'il soit présent ou à venir. Ainsi, un individu qui se trouve nez à nez avec un ours en pleine forêt éprouve de la peur tout comme celui qui reçoit des menaces de mort. **La peur se définit comme la crainte d'un danger réel, elle est donc fondée, adéquate et adaptée.** L'apparition de ce sentiment donne l'alerte à notre mécanisme de défense qui accélère nos réactions physiologiques et modifie notre comportement afin de faire face au danger.

On observe trois formes de réactions à la peur: l'effroi, la fuite ou l'attaque. Dans le premier cas, les personnes figent sur place et demeurent immobiles et muettes. Ce comportement ressemble à celui d'un animal qui s'immobilise dans sa course. Un individu victime d'une agression dira qu'il était trop terrifié pour crier. Le second type de réaction est tout à l'opposé: l'individu sursaute, crie et s'enfuit. On peut penser à la souris qui court dans tous les sens à la recherche de son trou ou au chat qui grimpe en haut d'un arbre pour échapper à un chien. La dernière forme se produit probablement plus souvent quand l'individu ne peut fuir: il se voit contraint à l'attaque. Prenons l'exemple d'une petite bête sauvage qui a peur de nous. Si elle peut fuir devant notre présence, elle le fera sans hésiter. Mais si elle se trouve coincée dans un endroit sans issue, peut-être alors sortira-t-elle ses crocs en se préparant à nous affronter malgré sa peur.

Ces réactions de peur provoquent des sentiments déplaisants: terreur, sensation de vide dans l'estomac, désespoir, envie de pleurer, de courir ou de se cacher, impression d'avoir des fourmis dans les mains et les pieds, sentiment d'éloignement ou d'irréalité, faiblesse paralysante des membres et sensation de perte d'équilibre ou de perte de connaissance. Ces différentes sensations ne sont pas nécessairement toutes présentes en même temps. Un individu en ressentira quelques-unes à la fois.

Dans ces situations de peur, une partie de notre système nerveux entre en action. Il déclenche les divers mécanismes visant à fournir à l'organisme la quantité de sang oxygéné nécessaire aux muscles des bras et des jambes, quitte à en priver partiellement l'estomac et les intestins. Cette redistribution du sang provoque des sensations désagréables dans l'abdomen, alors que l'accélération du rythme cardiaque et de la respiration entraîne des sensations dans la poitrine et dans la tête.

La peur apparaît donc comme un processus relativement complexe, constitué de réactions physiques et psychologiques variées. Toutes ces sensations, utiles ou non de nos jours, constituent la réponse normale de l'organisme à une situation de danger, notre corps se trouvant conçu pour réagir ainsi.

... OU PHOBIE?

La phobie constitue une forme particulière de peur. Elle se distingue par le fait que la réaction apparaît disproportionnée par rapport à la situation. **Il s'agit d'une peur irrationnelle et sans fondement d'une situation objectivement non dangereuse.** Pour l'individu phobique, la peur ne peut s'expliquer ou se raisonner, elle échappe à son contrôle et le conduit à l'évitement de la situation redoutée. Alors que la peur joue un rôle essentiel pour notre survie, la phobie constitue une réaction inadaptée.

La plupart du temps, l'individu phobique reconnaît sa réaction de peur comme une réaction irrationnelle. Il sait qu'il ne devrait pas être effrayé par l'objet de sa terreur. Il reconnaît que cet objet apparaît anodin pour les autres. Pourtant, il n'arrive pas à contrôler son comportement de figement ou d'évitement, c'est-à-dire sa réaction de peur.

Cette disproportion se manifeste clairement chez une femme venue consulter pour une phobie des insectes. Elle doit non seulement garder ses fenêtres hermétiquement fermées en été mais elle ne peut aller à la campagne ou dans un endroit où on retrouve des fleurs et des arbustes. À plusieurs reprises, elle a dû quitter l'autobus à la seule vue d'une mouche. À une occasion, elle s'est même jetée à l'eau pour fuir deux papillons qui volaient autour d'elle. À chaque endroit où elle se rend, elle doit examiner les pièces attentivement afin de déceler la présence potentielle d'insectes. Elle reconnaît son comportement comme excessif mais continue tout de même à agir ainsi.

Les phobies varient selon le type et l'intensité et **tous les individus peuvent développer des phobies.** Ce problème se retrouve dans toutes les couches sociales, indépendamment du niveau d'instruction, de l'âge, de la race, ou de la religion. Il semble toucher moins souvent les hommes que les femmes, mais celles-ci cherchent davantage à se faire traiter. Mentionnons que les individus phobiques ne sont pas des êtres déséquilibrés. Même s'ils éprouvent un niveau d'anxiété élevé en présence de l'objet phobique, ils sont en général conscients de l'irrationalité de leur phobie et gardent tout leur jugement.

Rappelons aussi que ce ne sont pas des lâches manquant de volonté et de force morale. Essayez seulement de vous rappeler un événement de votre vie où vous avez été terrifié: c'est ce que ressent la personne phobique face à la situation qui lui fait peur. Que l'objet phobique soit vraiment dangereux ou non, cela ne change rien à la terreur ressentie par l'individu. Vous comprendrez donc que ce n'est pas par la douceur, la plaisanterie ou la contrainte que vous réussirez à aider ces gens.

Cela est d'autant plus vrai que les individus phobiques souffrent souvent du manque de compréhension de leur entourage. Ils ont honte de leur phobie et vont fréquemment essayer de la cacher le plus longtemps possible. Quand ils ne peuvent plus la dissimuler, ils se plaignent souvent en parlant uniquement des réactions physiologiques déclenchées par l'anxiété, comme un mal de tête, de la fatigue ou une diarrhée. Cette attitude ne contribue qu'à plonger la personne un peu plus profondément dans son problème et sa détresse.

LES DIFFÉRENTS TYPES DE PHOBIES

Il existe différentes variétés de phobies. Examinons le cas des trois sœurs Tremblay qui se préparent à aller à une fête champêtre. Pendant les préparatifs, Francine commence à parler de sa phobie des couleuvres qui la fait hésiter à se rendre à la fête. Sa sœur Micheline lui répond qu'il est tout à fait ridicule d'avoir peur d'une si petite bête qui se cachera d'ailleurs sûrement à la vue des énormes bottes de pluie de sa sœur. Micheline en profite pour dire qu'elle commence déjà à trembler à l'idée que les gens vont la regarder manger, ce dont elle a une phobie carabinée. Depuis des années, elle évite les rencontres sociales où elle devra manger devant d'autres personnes.

Pendant que Francine et Micheline discutent en essayant de se convaincre l'une et l'autre du ridicule de leur phobie, Christine commence à avoir des malaises en pensant qu'elle doit prendre l'autoroute pour aller à la fête. Elle n'a pas pris l'autoroute depuis deux ans et a très peur de paniquer quand elle se trouvera loin de chez elle. Ainsi, Francine a une phobie des couleuvres, Micheline a une phobie sociale, alors que Christine a un problème d'agoraphobie.

On peut donc avoir une phobie à propos de presque n'importe quoi: animaux (zoophobie), avions (aérophobie), sang (hématophobie), eau (hydrophobie), ponts (géphykrophobie), lieux clos (claustrophobie), noirceur (nyctophobie). La liste est longue. Certaines s'avèrent plus incommodantes que d'autres. Par exemple, quelqu'un qui a la phobie d'avaler (phagophobie) ne voudra plus manger par crainte de s'étouffer; une autre ne mettra pas le nez dehors de tout l'été à cause des insectes (entomophobie). Par contre, une phobie des serpents (herpétophobie) n'a rien de dramatique pour quelqu'un qui vit en ville. On répartit les phobies en deux groupes: les phobies simples et les phobies complexes.

LES PHOBIES SIMPLES

Comme nous l'avons déjà mentionné, **ce type de phobie est déclenché par un objet précis, une situation spécifique.** C'est le cas de la phobie des couleuvres de Francine.

Prenons un autre exemple. Jean-Paul mentionne être mal à l'aise dans les milieux clos mais s'en accommode avec une certaine facilité. Sa phobie s'est manifestée la première fois lors d'un voyage en train alors qu'il devait dormir dans un wagon-lit. Il n'avait pas voyagé depuis son enfance. En gravissant l'échelle pour accéder à sa couchette, il constate avec surprise que son rythme cardiaque s'accélère, que sa respiration devient difficile et qu'une anxiété grandissante s'empare de lui. Il n'a qu'une pensée: se précipiter vers la fenêtre, l'ouvrir et se pencher la tête dehors. Il résiste un moment à l'impulsion irrationnelle, mais il se retrouve rapidement dans le couloir, où il passe la nuit à faire les cent pas.

Un an plus tard, ayant oublié cette mésaventure, il renouvelle l'expérience et se trouve à nouveau envahi par la peur. Il voyage cette fois en bateau et il passe la nuit à se promener sur le pont. En analysant son problème, il est arrivé à la conclusion que les conditions nécessaires pour que sa phobie se manifeste sont: un lit à bord d'un véhicule en mouvement et un bruit régulier et monotone (roues sur les rails, moteur de bateau). Ce genre de situation déclenche chez Jean-Paul le souvenir d'un voyage qu'il fit à dix-sept ans et au cours duquel il souffrit d'une grave intoxication alimentaire.

En fait, ces explications de sa phobie et de son maintien demeurent fragmentaires et sujettes à discussion. Néanmoins, elles sont plausibles. Les situations qui déclenchent son malaise étant très spécifiques, il lui est facile de les éviter. Il n'a donc jamais pris la peine de se soigner et n'en sent pas le besoin.

Il y a des phobies simples qui se développent suite à un événement vécu par l'individu. Il en est habituellement ainsi de la phobie de la noirceur, des hauteurs, du sang, de l'eau, du dentiste. On retrouve également des phobies d'animaux comme la phobie des araignées, des chiens, des chats, des serpents, des rats. Ces créatures peuvent sembler répugnantes ou dangereuses, elles le sont pourtant rarement. La grande variété des phobies simples n'a donc d'égal que leur désagrément.

LES PHOBIES COMPLEXES

Contrairement aux précédentes, les phobies complexes, déclenchées par des stimuli moins précis, moins définis, parfois extérieurs, parfois internes, sont plus difficiles à évaluer et à traiter. Il s'agit de la phobie sociale et du trouble panique avec agoraphobie.

a) phobie sociale

La phobie sociale est une peur irrationnelle persistante d'être exposé à l'observation d'autrui par crainte d'être humilié ou jugé négativement. Les personnes souffrant de cette phobie expriment une crainte marquée plutôt qu'une inquiétude de l'opinion des autres. Elles auront tendance à éviter certaines activités sociales spécifiques afin de ne pas être confrontées à leur crainte de paraître stupides ou anormales. Certaines, comme Micheline dont nous avons discuté plus tôt, ont peur de manger ou de boire en public. Elles appréhendent de trembler au moment de saisir un couteau, une fourchette ou bien de porter une tasse à leurs lèvres. D'autres ont peur de rougir, de bégayer. Dans tous les cas, elles craignent de se faire remarquer et juger négativement. Cette peur peut les empêcher d'utiliser un moyen de transport en commun, de se rendre au théâtre ou dans un lieu public, voire d'accepter un travail où des collègues risquent de les observer.

Sophie, par exemple, s'est présentée en demandant un traitement pour son trouble panique avec agoraphobie. Elle s'était elle-même diagnostiquée ainsi parce qu'elle vivait beaucoup d'anxiété dans l'autobus qui la menait au travail et qu'elle évitait de faire des sorties. À vingt ans, elle menait une vie assez recluse et très peu stimulante. En examinant les motifs de son malaise, il apparut rapidement qu'elle manifestait les signes d'une phobie sociale plutôt qu'un trouble panique avec agoraphobie. C'est le jugement des autres que Sophie redoutait plus que tout. Dans l'autobus, elle redoutait d'être fixée par les gens et qu'ils la trouvent anormale. Elle craignait constamment d'être critiquée ou jugée sur son habillement ou sa coiffure. Elle restreignait donc ses sorties aux seules activités absolument nécessaires, c'est-à-dire le travail et les courses. Spécifions que Sophie n'avait aucun motif objectif d'être anormalement remarquée. Assez jolie, elle ne sortait qu'après avoir soigné son apparence, tout en veillant à ce qu'elle ne sorte pas de l'ordinaire.

Cet exemple démontre bien l'aspect crucial que présente l'établissement d'un diagnostic. En effet, il va sans dire que la démarche thérapeutique suggérée à Sophie est différente de la démarche thérapeutique proposée à un agoraphobe.

b) trouble panique avec agoraphobie (TPA)

Le terme **agoraphobie** fut créé en 1871 pour désigner la peur de sortir dans la rue ou d'aller dans un lieu public. Il est formé par le mot grec *agora* signifiant place publique, et par le suffixe *phobie*. Aujourd'hui, nous comprenons beaucoup mieux ce type de problème, aussi l'avons-nous redéfini. Il faut dorénavant parler du trouble panique, de l'agoraphobie ou du trouble panique avec agoraphobie.

Parlons d'abord du **trouble panique**. Ce trouble se caractérise par **la présence d'attaques de panique survenant souvent de façon imprévisible. Le symptôme central consiste en une peur extrême, intense et pénible, d'où l'appellation «panique».** Celle-ci s'accompagne de symptômes physiologiques nombreux. Les principaux sont une douleur thoracique, une sensation d'étouffement, des vertiges, des étourdissements ainsi qu'une sensation d'irréalité. L'intensité et la diversité des symptômes constituent à la fois la cause et le résultat de leur peur. Ils contribuent à créer un sentiment de catastrophe imminente se manifestant le plus souvent par une peur de mourir d'une crise cardiaque, une peur de perdre conscience, de devenir fou ou de perdre le contrôle pendant une attaque de panique.

À ce trouble, s'associe pratiquement toujours l'évitement: les personnes ayant des attaques de panique appréhendent de les revivre dans les endroits où la panique est déjà survenue. Ils se mettent alors à éviter ces lieux par peur de paniquer à nouveau. Le fait d'éviter de nombreuses situations se nomme **agoraphobie.**

Ainsi, quand un individu ayant des attaques de panique évite beaucoup de situations, nous parlons de **trouble panique avec agoraphobie.** L'évitement se manifeste principalement dans des situations où il y a foule et où il peut être difficile de quitter rapidement. Il arrive également que des gens aient peur de rester seuls car ils craignent de ne pas avoir d'aide en cas de malaises. La plupart des personnes agoraphobes craignent de ne pouvoir se maîtriser dans ces situations. Elles appréhendent d'éprouver les réactions physiques auxquelles elles attribuent des conséquences dramatiques. Elles craignent de perdre le contrôle ou de devenir folles dans ces moments de panique physique et émotionnelle. **La majorité des gens ayant eu des paniques se trouvent dans cette catégorie.** L'évitement caractérise leurs difficultés autant que la panique.

On parle également d'agoraphobie sans trouble de panique. C'est-à-dire que certaines personnes éviteraient des situations sans avoir jamais eu d'attaques de panique. L'existence de ce type de problème étant contestée, nous nous contenterons de parler du problème le plus courant et le plus complexe, soit **le trouble panique avec agoraphobie.** Afin d'alléger le texte, nous désignerons ce trouble par l'abréviation **TPA.**

Afin d'illustrer ce problème, prenons le cas de Renée. Âgée de quarante-deux ans, elle habite la banlieue de Montréal. Son mari et elle ont une grande maison dont elle ne sort que pour entretenir l'extérieur. Elle n'arrive plus à aller à l'église, sauf si elle peut s'asseoir au dernier rang, près de la sortie, au cas où il lui arriverait quelque chose. Un dimanche, les derniers bancs étant occupés, elle n'est pas restée. C'est d'ailleurs à l'église qu'elle a vécu sa première attaque de panique. Elle aurait tellement honte d'être obligée de sortir en courant devant tout le monde ou de s'évanouir là, au beau milieu de la foule. En fait, Renée ne se rappelle aucunement s'être évanouie en public, mais elle a un pressentiment, elle a peur de s'évanouir dès qu'elle ressent des palpitations cardiaques. Elle ne peut plus participer aux activités de son quartier; par contre, elle accepte que les gens viennent la visiter ou tiennent des réunions chez elle. Le plus souvent, son seul contact avec le monde extérieur se fait par l'intermédiaire du téléphone ou de la télévision. Renée souffre de trouble panique avec agoraphobie!

Les principaux lieux associés aux comportements agoraphobes sont les suivants: les rues, les magasins, les foules, les espaces clos comme les ascenseurs, les théâtres, les cinémas et les églises. On retrouve également la peur de voyager en métro, en train, en autobus, en bateau ou en avion, mais habituellement pas en automobile. Le fait de traverser des ponts, des tunnels, de se rendre chez le coiffeur, de demeurer seul à la maison ou de quitter le domicile présente également des difficultés importantes. Le TPA peut se manifester avec un nombre plus ou moins grand d'attaques de panique et se conjugue fréquemment avec des réactions dépressives, des obsessions et des sentiments d'irréalité.

Les individus atteints de trouble panique avec agoraphobie ont peur que leurs sensations physiques ne dégénèrent en problèmes physiques et psychologiques plus graves, tels une crise cardiaque, un évanouissement, la folie ou la mort. Cette peur intense, appelée «attaque de panique», les pousse à vouloir quitter au plus vite la situation sans danger où ils se trouvent. Par la suite, ils appréhendent ces malaises et évitent de plus en plus les endroits où ils se sont produits. Ils développent la peur d'avoir peur. Ils craignent profondément que leur trouble soit irréversible, de ne plus jamais être comme avant.

Le clinicien en contact avec de nombreux agoraphobes est constamment surpris par la similitude des termes utilisés pour décrire leurs symptômes: faiblesse, nausée, palpitations, difficulté à respirer, impression de vertige. Ils sont convaincus d'être au bord de l'évanouissement ou de la crise cardiaque; ils éprouvent le besoin irrésistible de courir ou de hurler, ou de faire les deux à la fois. Parfois, ils éprouvent un sentiment d'irréalité, une impression d'être déconnectés ou coupés de ce qui les entoure, de regarder par le mauvais côté d'une paire de jumelles. Un client disait qu'il avait l'impression d'être «en dehors des choses», de se voir réagir sans vraiment participer à l'action.

Les attaques de panique ne durant en général que quelques minutes, les réactions physiologiques qu'elles suscitent disparaissent rapidement. Les manifestations du TPA peuvent s'installer lentement, insidieusement même. Les premières attaques de panique peuvent être très espacées ou rapprochées. Dans certains cas, les malaises augmentent avec l'anticipation, pour atteindre une intensité maximale lorsque la situation phobique se présente. Dans d'autres cas plus rares, il n'y a pas d'anticipation et la panique arrive soudainement une fois dans la situation. Très souvent, à la suite de ses crises, l'individu ira consulter son médecin en pensant qu'il a un problème physique tel un trouble cardiaque, un problème neurologique ou un trouble au niveau de l'équilibre. Après une série d'examens n'indiquant aucune cause physique précise, le médecin conseillera à son malade de se reposer quelques jours à la maison ou lui prescrira une médication pour diminuer l'anxiété.

Renée mentionne que ses problèmes ont commencé par l'impression qu'elle allait être terrassée par une crise cardiaque dans un lieu public. Un peu plus tard, elle s'est sentie mal à l'aise chaque fois qu'elle se trouvait près de l'endroit en question. La peur augmentait chaque fois qu'elle se trouvait confrontée à la même situation ou à une situation similaire. Elle essaya de dominer ou d'éliminer sa peur sans grand succès. En fait, tout ce qu'elle apprit fut de fuir la situation en constatant qu'une fois de retour chez elle les réactions physiologiques disparaissaient. Graduellement, sa peur augmenta ainsi que le nombre de situations effrayantes. À chaque fois qu'elle évitait une nouvelle situation, elle s'isolait un peu plus.

En fait, Renée a éprouvé un épisode de panique inattendu dont les causes peuvent être multiples. Cet épisode a été associé dans son esprit à l'environnement dans lequel il s'est produit et à des environnements similaires à celui où il a eu lieu la première fois. La phobie a pris des proportions de plus en plus importantes et a exercé son emprise sur sa vie.

Rien n'a pourtant changé dans son environnement. C'est en elle que quelque chose a changé. Sa façon d'interpréter ce qu'elle a vécu lors de la première panique a eu des répercussions importantes sur ses réactions subséquentes. C'est la crainte permanente d'une catastrophe qui a provoqué tout ce branle-bas. Souvent l'agoraphobe imagine qu'à chaque pas d'une promenade anodine il peut lui arriver un malheur. Cette crainte se transforme graduellement en une terreur diffuse.

L'agoraphobe vit rarement seul et ses phobies ont presque toujours un effet sur les personnes immédiates de son entourage. À mesure qu'il retrécit son champ d'activité, l'entourage familial se trouve de plus en plus affecté par le problème. La personne agoraphobe peut demander qu'on l'accompagne jusqu'à son lieu de travail. Elle demande également à être accompagnée dans la plupart des sorties qu'elle doit faire ou bien renonce à toute activité à l'extérieur de chez elle, pénalisant son entourage immédiat. Elle abandonne ou restreint au maximun ses activités sociales. Il est fréquent qu'une personne agoraphobe demande la présence continue de quelqu'un pour ne plus vivre l'angoisse qui surgit lorsqu'elle est seule.

On rencontre souvent des gens qui ont dissimulé durant de nombreuses années leur phobie. Quand l'agoraphobe dispose d'une automobile, sa phobie peut rester longtemps ignorée; même les agoraphobes les plus fortement handicapés se sentent fréquemment en sécurité à l'intérieur d'un véhicule alors qu'ils ne peuvent supporter les autres moyens de transport. Cette attitude contradictoire s'explique par le fait qu'ils ont un contrôle sur le moyen de transport et ont le loisir de pouvoir revenir à un endroit sécurisant quand ils le désirent. Une agoraphobe peut facilement dissimuler son problème à son entourage pendant des années si elle travaille à la maison ou veille à élever les enfants.

Vous trouverez ci-dessous un résumé des critères diagnostiques propres à chaque type de phobie.

CRITÈRES DIAGNOSTIQUES

Phobie simple
* Peur persistante d'un stimulus déterminé (autre qu'une attaque de panique ou l'embarras social).
* L'exposition à l'objet phobique provoque une réaction anxieuse immédiate.
* L'objet ou la situation sont évités ou déclenchent une anxiété intense.
* La peur nuit au fonctionnement quotidien ou déclenche un sentiment de détresse à l'idée de vivre cette peur.
* Le sujet reconnaît la nature excessive de ses craintes.
* Le stimulus phobogène n'est pas relié à une autre pathologie.

Phobie sociale
* Peur de situations où on est exposé à l'observation d'autrui par crainte d'être humilié ou embarrassé.
* La phobie n'est pas reliée à une autre pathologie.
* Le stimulus phobogène provoque généralement une réaction anxieuse immédiate.
* Les situations phobogènes sont évitées ou vécues avec une anxiété intense.
* L'évitement nuit au fonctionnement professionnel ou social de l'individu ou crée un important sentiment de détresse à l'idée d'avoir cette peur.
* Le sujet reconnaît la nature excessive de ses craintes.

Trouble panique

* Apparition d'une ou de plusieurs attaques de panique imprévisibles.
* Présence d'au moins quatre de ces symptômes pendant une attaque de panique:
  - sensations d'étouffement;
  - étourdissements;
  - palpitations;
  - tremblements;
  - transpiration;
  - sensation d'étranglement;
  - nausée;
  - sentiment d'irréalité;
  - engourdissements;
  - bouffées de chaleur ou frissons;
  - douleur thoracique;
  - peur de mourir;
  - peur de devenir fou ou de perdre le contrôle.
* Les symptômes sont parfois survenus de façon brutale et ont augmenté dans les 10 minutes suivant l'apparition du premier symptôme.
* Aucun facteur organique n'apparaît être la cause de la perturbation.

Trouble panique avec agoraphobie

* Répond aux critères du trouble panique.
* Crainte de se retrouver dans des endroits ou des situations d'où il pourrait être difficile ou gênant de s'échapper ou dans lesquels on pourrait ne pas trouver de secours en cas de panique.
* Cette crainte entraîne une restriction des déplacements ou un besoin d'être accompagné en dehors du domicile.
* Les situations génératrices d'agoraphobie incluent souvent le fait de se trouver seul hors du domicile, d'être dans une foule ou une file d'attente, sur un pont ou dans un autobus, un train ou une voiture.

Résumés d'après DSM-III-R - *Manuel diagnostique et statistique des troubles mentaux, 1987,* The American Psychiatric Association, Washington DC; 1989, Masson, Paris pour la traduction française.

UN PROBLÈME FRÉQUENT

Le portrait statistique des troubles phobiques présente une certaine imprécision. Les cas ne sont pas répertoriés de façon systématique, beaucoup de gens phobiques ne se faisant pas traiter. Les estimations quant au nombre de personnes atteintes reposent souvent sur l'étude d'échantillons plus ou moins représentatifs de l'ensemble de la population. Ces estimations nous procurent quand même un bon aperçu de la situation.

On estime à environ 1,3 million le nombre de Canadiens qui souffrent d'une ou de plusieurs phobies. Les phobies que l'on rencontre le plus couramment en clinique sont le TPA et la phobie sociale. Viennent ensuite la peur des petits animaux et celle des insectes, suivies de près par les phobies de situations précises telles la peur du vide, de l'obscurité, des orages, des ascenseurs, etc. Les gens font rarement appel à un spécialiste pour soigner une phobie des animaux, du sang, de la maladie. La plupart d'entre eux parviennent à s'accommoder de ces phobies sans que leur qualité de vie n'en soit trop affectée.

Si on parle spécifiquement de gens atteints de trouble panique, avec ou sans agoraphobie, le pourcentage de personnes affectées approche 2 %. Ce problème peut atteindre tout individu indépendamment de ses capacités intellectuelles, son occupation, son statut socio-économique, sa religion ou son appartenance ethnique. Toutefois, certaines personnes se trouvent plus susceptibles d'être atteintes. Plus de femmes que d'hommes en souffrent. Les statistiques nous permettent également d'observer que le problème se manifeste surtout chez les adultes âgés de 30 à 45 ans, séparés ou divorcés et moins scolarisés. Les premières crises de panique surviennent autour de 18 ans.

Fait très important, les agoraphobes doivent souvent attendre plusieurs années avant d'être diagnostiqués comme tels et référés aux ressources appropriées. De plus, le problème disparaît très rarement sans traitement. Ainsi, plusieurs personnes souffrent de ce problème depuis 5 à 10 ans au moment de la première consultation. Le trouble panique avec agoraphobie est fréquent. Si vous en êtes atteint, soyez désormais certain que vous n'êtes pas seul à le vivre.

Résumé

Nous avons pris connaissance des différences entre la peur, qui constitue une émotion légitime et nécessaire face à une situation dangereuse, et la phobie, qui consiste en une réaction de peur inappropriée face à une situation inoffensive. Nous nous sommes familiarisés avec les différents types de phobie: phobie simple comme la peur des chiens et phobies complexes comme la phobie sociale et le trouble panique avec agoraphobie.

Rappelons que les deux principales caractéristiques du TPA résident dans la peur de paniquer à nouveau, soit **la peur d'avoir peur**, et dans **les comportements d'évitement** face à de nombreuses situations.

Chapitre deux

Le développement du trouble panique avec agoraphobie

UNE PHOBIE BIEN SPÉCIALE

Le TPA diffère des autres phobies par le fait qu'il n'est pas déclenché par un objet extérieur. Pour les phobiques des souris, des araignées ou des orages, l'objet de la peur se trouve à l'extérieur d'eux-mêmes. Par contre, pour l'agoraphobe, la peur provient d'une sensation ou d'une pensée qui déclenche la peur d'avoir peur, la peur d'éprouver une attaque de panique. L'agoraphobe a le sentiment d'une catastrophe imminente. Il se sent coincé, il cherche à tout prix à sortir de la situation dans laquelle il éprouve ce malaise.

LA CAUSE DU TPA

Tous les agoraphobes se mettent, à un moment ou l'autre, en quête de la cause expliquant l'apparition de leur phobie. Le clinicien sait qu'il sera confronté à cette question en début de thérapie. Il se trouve chaque fois dans l'obligation de donner une réponse générale, frustrante pour ceux qui en souffrent. **Il n'y a pas *une* cause précise au TPA; il y en a plusieurs et elles varient d'une personne à l'autre.** Le TPA semble être provoqué par une interaction entre des facteurs prédisposants, des facteurs précipitants et des facteurs d'entretien. Nous vous les présentons.

FACTEURS PRÉDISPOSANTS

Les facteurs prédisposants se définissent comme des caractéristiques d'un individu qui le rendent plus susceptible de développer un problème de TPA. Ils ne le causent pas directement, puisque certaines personnes présentant tous ces facteurs ne le développent pas. D'autres personnes ont un TPA sans que l'on retrouve de facteurs prédisposants. Ainsi, la présence d'un ou plusieurs de ces facteurs chez une personne ne constitue pas un gage de développement du trouble mais augmente le risque qu'elle en soit affectée. Ces éléments prédisposants sont les suivants: la vulnérabilité biologique, l'influence familiale et certains traits de la personnalité.

VULNÉRABILITÉ BIOLOGIQUE

De plus en plus de chercheurs et de cliniciens s'entendent pour affirmer qu'il existe une fragilité biologique chez la plupart des gens présentant un TPA. **Au niveau neurobiologique, ces individus réagissent plus fortement au stress généré par les événements de la vie courante.** Autrement dit, lorsqu'ils ont peur, ils vivent la peur avec plus d'intensité.

Prenons l'exemple de Marc et de Sylvain qui lisent tranquillement à une table de la bibliothèque de l'école. Tous deux se font surprendre par Stéphane qui arrive par derrière en les faisant sursauter. Alors que Marc se redresse soudainement sans ressentir d'autres malaises, Sylvain pousse un cri de surprise, sent son cœur qui s'emballe, cherche à reprendre son souffle. Son système nerveux a déclenché une alerte plus forte que celle ressentie par Marc dans la même situation.

Comme dans le cas de Sylvain, le système nerveux de la personne ayant une vulnérabilité biologique réagit plus fortement à tous les événements de la vie courante. Ces individus ne naissent donc pas avec un problème de panique. Cette réaction particulièrement forte de leur système nerveux aux différents stresseurs que la vie occasionne les rend plus susceptibles de développer ce type de problème.

INFLUENCE FAMILIALE

Les comportements et les modes de réaction qu'un individu apprend de la naissance à l'âge adulte jouent un rôle très important dans la prédisposition à l'agoraphobie. L'enfant apprend énormément en observant les autres et en les imitant. Si les membres de sa famille réagissent aux situations stressantes de façon inadaptée, l'enfant risque d'adopter ces mêmes façons de réagir. La famille d'origine de l'agoraphobe présente des **troubles anxieux** plus fréquemment que dans la population générale, offrant ainsi des modèles inadaptés à l'enfant.

Les parents des agoraphobes manifestent également davantage de **comportements rigides ou surprotecteurs.** Cette surprotection encourage l'apprentissage d'une dépendance à autrui et prédispose l'individu à développer plus tard des comportements d'évitement phobique.

Voyons le cas d'un enfant surprotégé par sa mère. Celle-ci insiste pour que son enfant se fie continuellement à elle et ne prenne jamais d'initiative. L'enfant ne peut rien faire sans sa permission ou son aide. Il ne peut jouer ou traverser seul la rue s'il y a le moindre risque de se blesser. Sa mère le reconduit à l'école tous les jours, lui transporte ses livres. L'enfant n'apprend pas à se débrouiller seul, à développer des comportements d'autonomie, à composer avec les situations stressantes, et il cherche plutôt à les éviter. Il n'a pas l'occasion de développer une certaine tolérance à l'anxiété générée par les situations courantes de la vie. Apprenant ainsi à éviter les situations stressantes plutôt qu'à les affronter, habité par une peur de vivre de l'anxiété, il devient plus susceptible de développer un TPA.

TRAITS GÉNÉRAUX

Il existe deux traits que l'on retrouve souvent chez un agoraphobe. On rencontre d'abord une tendance à l'anxiété chronique et à la dépression. L'individu vivant de l'anxiété généralisée doublée d'éléments dépressifs se sent constamment menacé. Il appréhende presque toujours qu'un malheur puisse arriver à ses proches ou à lui-même et ressent une panoplie de symptômes physiques d'anxiété de façon presque constante, du lever au coucher. Il se trouve perpétuellement en état d'alerte, ce qui peut entraîner de la fatigue, une difficulté de concentration, ou encore de l'insomnie. Les humeurs dépressives varient en intensité et risquent d'être amplifiées si le TPA se développe.

On remarque également chez l'agoraphobe une tendance à la dépendance et à la passivité. La personne évite les difficultés plutôt que d'y faire face. Elle compte sur les autres pour prendre les décisions et régler ses problèmes à sa place. Elle se sent en détresse lorsqu'elle doit les affronter seule. Elle évite les situations difficiles, stressantes ou conflictuelles. L'évitement réduit temporairement l'anxiété et l'encourage à éviter de nouveau. Cependant, plus elle utilise l'évitement comme solution, plus les nouvelles situations problématiques génèrent d'anxiété, de stress.

L'histoire de Line

Prenons l'exemple de Line, référée par son médecin pour un TPA. Essayons de voir si certains facteurs prédisposants ont joué un rôle dans son cas.

Âgée de 29 ans, Line a eu 2 enfants avec un premier mari qui est décédé du cancer. Elle s'est remariée un an plus tard et a eu un autre enfant. Elle s'occupe des enfants à temps plein à la maison.

Elle se décrit comme une personne plutôt dépendante et nerveuse depuis son tout jeune âge. Elle perçoit avoir des réactions physiques plus fortes que les autres dès qu'elle sursaute ou se sent stressée. Enfant unique, elle dit avoir été surprotégée par ses parents. Depuis l'adolescence, elle n'a que très rarement été sans amoureux. Elle a souvent entrepris des relations seulement pour éviter d'être seule. Elle a fait sa première attaque de panique lorsqu'elle a quitté son village pour aller vivre en ville avec son ami de l'époque. Elle est rapidement retournée chez elle car elle se sentait alors trop insécure. Elle n'aime pas la solitude et s'est organisée pour vivre tout près de chez ses parents. Elle ne sort de chez elle que si elle est accompagnée de son mari ou de ses parents. Elle a trop peur de paniquer si elle s'éloigne seule de la maison.

Identifions certains facteurs prédisposants. Elle présente d'abord les indices d'une <u>vulnérabilité biologique</u>. On retrouve également des <u>traits de dépendance</u> importants. Le <u>comportement surprotecteur de ses parents</u> y a sûrement contribué.

Rappelons que nous aurions pu ne trouver aucun facteur prédisposant à son TPA. Mentionnons également qu'elle aurait pu ne jamais développer de TPA malgré ses prédispositions.

FACTEURS PRÉCIPITANTS

Bien que certaines personnes aient de la difficulté à se rappeler les événements qui ont déclenché les premières attaques de panique, on arrive le plus souvent à identifier clairement ces événements. Il s'agit des facteurs précipitants. Ils peuvent prendre la forme d'un traumatisme, d'un stresseur psychosocial ou d'un stresseur chronique.

TRAUMATISMES

Les traumatismes incluent les malaises physiques réels tels une crise d'hypoglycémie, un syndrome de Meunière ou un accouchement. Cela inclut aussi un accident ou une agression. La personne peut faire une attaque de panique suite à ce genre de traumatisme, lorsqu'il survient quand elle se sent déjà à la limite de ses ressources d'adaptation. Elle devient agoraphobe en entrant dans le cercle vicieux de l'anticipation d'attaques de panique et de l'évitement de certaines situations.

Joanne, qui se décrit comme ayant un tempérament anxieux, avait très peur de son accouchement. Au moment du travail de dilatation, ne pouvant échapper à la situation et à la douleur, elle a hyperventilé. L'hyperventilation consiste à mal respirer de telle sorte que cela provoque des engourdissements, des étourdissements et d'autres sensations désagréables qui sont totalement inoffensives. Cela l'a malgré tout fait paniquer. Elle avait peur de perdre le contrôle et de mourir, alors qu'objectivement son accouchement se déroulait très bien. De retour à la maison, elle s'est mise à redouter de vivre à nouveau une telle panique. Elle se sentait prise et démunie face à son enfant. Elle a ainsi commencé à avoir peur de rester seule avec lui et de paniquer à nouveau. Le TPA s'installait.

STRESSEURS PSYCHOSOCIAUX

Un stresseur psychosocial important précipite souvent la première panique. On entend par facteur psychosocial un divorce, la mort d'un être cher, une perte d'emploi, autant d'événements qui peuvent déclencher des sensations désagréables, des malaises pouvant susciter des attaques de panique chez un individu prédisposé à développer ce trouble phobique. Comme dans le cas du traumatisme, ce stresseur a d'autant plus de chances de déclencher une panique quand un individu apparaît constamment anxieux et un peu dépressif avant que ne survienne ce moment de crise personnelle.

Repensons au cas de Line. Elle dit avoir paniqué la première fois lorsqu'elle est allée vivre loin de son village. Ainsi, on peut dire que c'est un stresseur psychosocial, c'est-à-dire son déménagement, qui a déclenché la première panique.

STRESSEURS CHRONIQUES

Il se présente d'autres cas où on ne retrouve la présence ni d'un traumatisme particulier, ni d'un stresseur psychosocial ponctuel. Il apparaît cependant très clair que l'individu vit un stress majeur qui dure depuis longtemps et affecte son fonctionnement. Nous parlons alors de stress chronique, lequel peut prendre la forme de problèmes conjugaux, de conflits au travail ou d'une maladie. Le terme *chronique* ne signifie pas que ce stress sera toujours présent, mais bien qu'il dure depuis longtemps. Suffisamment longtemps pour affecter l'individu concerné à un point tel qu'il peut vivre des attaques de panique et devenir un candidat au TPA.

FACTEURS D'ENTRETIEN

Vous connaissez maintenant les principaux facteurs qui prédisposent au trouble panique avec agoraphobie et ceux qui précipitent souvent les premières paniques. Il s'avère essentiel de bien connaître également les facteurs les plus susceptibles d'entretenir ce problème. Un individu peut vivre une attaque de panique isolée alors qu'un autre développera un TPA suite à cet événement. Les facteurs qui expliquent comment un individu entretient le problème sont bien identifiés. Ce sont: l'occurence de nouvelles attaques de panique, certains facteurs cognitifs (les idées, les pensées, le discours intérieur) et comportementaux, les renforçateurs secondaires au trouble et, encore une fois, les stresseurs chroniques.

LES ATTAQUES DE PANIQUE

Les attaques de panique constituent une augmentation aiguë de sensations physiques d'anxiété à laquelle on donne une explication catastrophique qui contribue à son tour à augmenter les sensations redoutées. Certaines personnes vivent peu d'attaques de panique alors que d'autres personnes en vivent à répétition. Plus les attaques de panique surviennent fréquemment, plus la personne risque de développer un problème grave d'agoraphobie.

FACTEURS COGNITIFS ET COMPORTEMENTAUX

Ces facteurs s'avèrent cruciaux dans l'entretien du trouble phobique qui nous préoccupe. Abordons d'abord les facteurs cognitifs. Le terme *cognitif* désigne les pensées, les idées, les images qui habitent notre esprit, qu'elles soient positives ou négatives. La **peur de paniquer ou «peur d'avoir peur»** constitue sûrement l'élément le plus important dans le maintien de l'agoraphobie. Les peurs irréalistes et les anticipations négatives qui s'y trouvent rattachées constituent les facteurs cognitifs susceptibles d'entretenir le TPA.

L'agoraphobe développe généralement des **peurs irréalistes** suite à une ou plusieurs attaques de panique spontanées et soudaines. Celles-ci, rappelons-le, sont déclenchées par les facteurs précipitants cités précédemment. La personne vivant un sentiment de terreur cherche la présence d'un danger pour l'expliquer. Elle interprète alors les malaises liés à la panique comme dangereux et imprévisibles. Elle perçoit ses réactions de stress comme un signal annonçant une perte de contrôle ou un autre impact catastrophique à ses yeux. Elle en vient à croire injustement que ces moments de panique comportent de véritables dangers. Elle a alors peur de paniquer. Pourtant, bien qu'excessivement désagréables, ces réactions s'avèrent inoffensives pour l'individu. C'est l'interprétatation erronée, catastrophique, que la personne donne à ses sensations qui alimente sa peur.

Avant de se retrouver dans une situation semblable à celles où il a vécu ses moments de panique, l'agoraphobe développe des **anticipations négatives**. Parfois assez longtemps avant d'être confronté à la situation, il appréhende de revivre ces mêmes sensations devenues pour lui des indices de catastrophe imminente.

Il a tendance à se centrer entièrement, intensément, sur les sensations qu'il éprouve, à en chercher la cause. De ce fait, il les maintient ou les amplifie. Il appréhende des malaises épouvantables dans les jours, les heures à venir. Il voit son anxiété s'accroître bien avant que la situation redoutée ne se présente à lui. Donc, les fausses croyances, les pensées inadéquates, les images catastrophiques et les scénarios irréalistes construits par l'individu favorisent l'entretien de son problème.

Thérèse a très peur de perdre connaissance dans un centre commercial suite à une panique et considère cet événement comme très probable. On peut qualifier sa peur d'irréaliste puisque cela ne s'est jamais produit, malgré bien des paniques déjà vécues. La perte de conscience suite à une panique se produit d'ailleurs excessivement rarement, que ce soit pour Thérèse ou pour qui que ce soit d'autre.

Elle n'a pas uniquement peur lorsqu'elle se trouve sur les lieux qu'elle redoute. Lorsqu'elle accepte d'aller au centre commercial avec sa fille, longtemps avant de partir, elle s'imagine qu'elle va paniquer et s'évanouir lorsqu'elle y sera. Elle ressent alors tellement de peur que, souvent, elle n'ose pas sortir de chez elle et invente une excuse pour refuser l'offre de sa fille. Ses pensées se composent donc d'anticipations négatives qui la portent à éviter les situations redoutées.

Les facteurs comportementaux résident justement en ces **comportements d'évitement et d'échappement.** L'échappement consiste à fuir, l'évitement consiste à contourner une situation. L'agoraphobe en vient à avoir tellement peur à force d'appréhender qu'il évitera la situation phobogène plutôt que d'y faire face. Lorsqu'il évite, il ressent immédiatement un profond soulagement dû à la baisse d'anxiété. Ce répit instantané porte l'agoraphobe à choisir fréquemment l'évitement comme moyen de résoudre son problème d'anxiété. Il en résulte à long terme, et même parfois à très court terme, une perte d'autonomie et de confiance en soi très douloureuse. Ainsi, Thérèse, à force d'éviter, devient tellement convaincue du danger qu'elle risque de se retrouver confinée à sa maison.

RENFORÇATEURS SECONDAIRES

On désigne en ces termes les avantages que l'agoraphobe peut soutirer de son dysfonctionnement. Son problème lui apporte parfois plus d'attention de la part de ses proches. Vu sa difficulté à se déplacer, il délaisse de plus en plus ses responsabilités. Ces faux avantages peuvent être agréables pour quelqu'un qui présente des traits de passivité et de dépendance. Cette diminution d'autonomie peut également favoriser un nouvel équilibre chez certains couples car ce problème accroît les responsabilités du partenaire et le valorise.

Plus la personne trouve de renforçateurs secondaires à son problème, moins elle sera encline à demander un traitement et à persister pendant le traitement. Nous croyons pourtant que ces bénéfices s'avèrent bien maigres comparativement à toutes les conséquences néfastes de ce problème.

Certains agoraphobes ne bénéficient de pratiquement aucun avantage renforçateur secondaire à leur trouble phobique. Leur incapacité partielle ne contribue qu'à augmenter leur niveau global d'anxiété et alimente ainsi leur problème de départ. Ils vivent alors une détresse d'autant plus aiguë.

STRESSEURS CHRONIQUES

Nous avons déjà mentionné ce facteur parmi les éléments précipitants du TPA. Vu son aspect chronique, il nous apparaît essentiel de le mentionner à nouveau parmi les facteurs d'entretien. Il joue encore un rôle en continuant d'augmenter le niveau global d'anxiété, rendant l'individu de plus en plus vulnérable aux attaques de panique qui le terrorisent. En effet, si la pression engendrée par ce stresseur chronique a déclenché des attaques de panique, sa présence constante alors que l'individu est devenu encore plus vulnérable le laisse dans un état où il se sent encore moins apte à affronter ce même stresseur.

LA RÉACTION EN CHAÎNE

Nous venons de voir quels facteurs influencent, à divers moments, le développement du trouble panique avec agoraphobie. Voyons maintenant, à l'aide de deux schémas et d'exemples, comment tous ces mécanismes forment une réaction en chaîne qu'il vous faudra briser pour vaincre votre TPA.

Le schéma A présente la séquence complète de développement du TPA et la façon dont les différents facteurs jouent leur rôle. Les facteurs prédisposants ne mènent pas à un TPA sans qu'un facteur précipitant déclenche une attaque de panique. Remarquez aussi que les facteurs d'entretien doivent être présents pour que le TPA se développe. Cependant, il arrive qu'un individu n'ayant pas de facteurs prédisposants développe le trouble à cause de facteurs précipitants et d'entretien.

Dans le schéma B, nous retrouvons de façon détaillée la dynamique jouée par les facteurs d'entretien dans la continuation de la phobie après que les premières attaques de panique aient eu lieu. Cette séquence s'avère cruciale pour expliquer le cercle vicieux qui perpétue le TPA. Sa compréhension constitue la base sur laquelle reposent les stratégies de traitement proposées dans les prochains chapitres.

Le rôle important tenu par les peurs irréalistes, par les anticipations négatives et par l'évitement y apparaît clairement. On peut voir également que les bénéfices secondaires résultant de l'évitement encouragent la répétition de ce comportement. Quant à elle, l'augmentation de l'anxiété liée aux stresseurs chroniques peut faire accroître la fréquence des attaques de panique en rendant l'individu encore plus vulnérable.

Nous vous incitons fortement à examiner ces schémas à la lumière des deux exemples qui suivent. À la fin de chaque exemple, nous présentons les éléments que nous percevons les plus importants dans chaque cas. Ces exemples peuvent vous être utiles par la suite pour bien évaluer votre TPA.

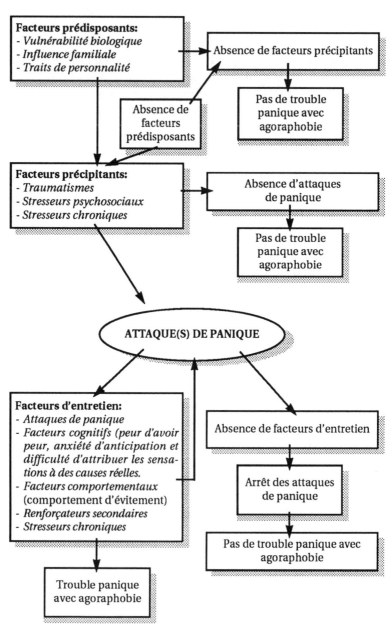

Schéma B
Cycle des facteurs d'entretien du trouble
panique avec agoraphobie

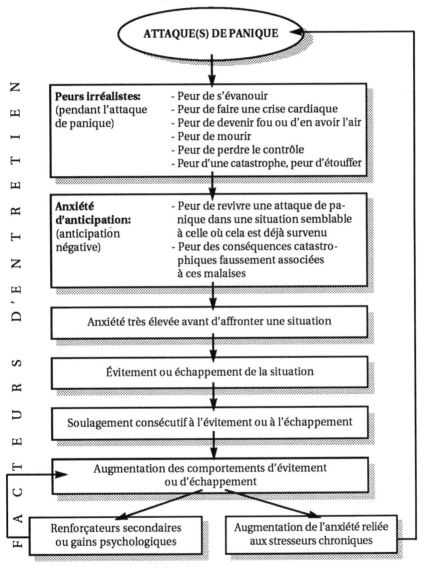

ATTAQUE(S) DE PANIQUE

Peurs irréalistes:
(pendant l'attaque de panique)
- Peur de s'évanouir
- Peur de faire une crise cardiaque
- Peur de devenir fou ou d'en avoir l'air
- Peur de mourir
- Peur de perdre le contrôle
- Peur d'une catastrophe, peur d'étouffer

Anxiété d'anticipation:
(anticipatión négative)
- Peur de revivre une attaque de panique dans une situation semblable à celle où cela est déjà survenu
- Peur des conséquences catastrophiques faussement associées à ces malaises

Anxiété très élevée avant d'affronter une situation

Évitement ou échappement de la situation

Soulagement consécutif à l'évitement ou à l'échappement

Augmentation des comportements d'évitement ou d'échappement

Renforçateurs secondaires ou gains psychologiques

Augmentation de l'anxiété reliée aux stresseurs chroniques

FACTEURS D'ENTRETIEN

Un minoritaire surprotégé

Prenons d'abord l'exemple de Robert. Au moment où il vient consulter, il est âgé de 34 ans et souffre de TPA depuis quelques années. Voici les éléments que nous identifions dans l'analyse de son problème.

Robert a passé son enfance à l'étranger, dans un pays où il faisait partie d'une minorité religieuse. Sa mère, déjà surprotectrice avec ses deux aînés, le fut encore plus avec lui. Il a grandi dans un climat où la peur d'être attaqué (qu'elle soit justifiée ou non) était omniprésente. Arrivé au pays à la fin de l'adolescence, il rapporte avoir toujours gardé un tempérament nerveux. Ses manifestations d'anxiété se présentent autant sur le plan physique, par des maux de tête et de dos sans cause physique, que par des inquiétudes constantes pour lui, sa femme et ses enfants. Il n'a pourtant aucune raison objective d'être inquiet alors que les choses vont bien pour sa famille. Il occupe cependant un poste dans la vente où la pression est forte.

Les attaques de panique ont commencé suite au décès rapproché de son père et de sa mère. De tempérament déjà anxieux, les attaques de panique ont contribué à alimenter chez lui la peur d'une catastrophe imminente pouvant avoir lieu lors d'une de ces paniques. Le problème lui nuit particulièrement dans son travail où il devrait fréquemment aller au restaurant, situation qu'il redoute au plus haut point et qu'il s'est mis à éviter. Ses attaques de panique surviennent de façon relativement fréquente.

Pour Robert, voici les points qui ont joué un rôle important dans le développement et l'entretien de son problème. Mentionnons comme **facteurs prédisposants**: la vulnérabilité biologique, la surprotection familiale créant un sentiment de danger constant et un manque de confiance et une personnalité anxieuse. La mort de ses deux parents à trois mois d'intervalle est le **facteur précipitant** des premières attaques de panique. Robert **entretient** involontairement son TPA en continuant d'alimenter des pensées catastrophiques associées à ses réactions d'anxiété et en évitant le plus possible toute situation où une panique est déjà survenue. Le stress constant qu'il vit à son travail compte aussi dans les facteurs d'entretien en le gardant dans un état de vulnérabilité face aux attaques de panique.

PLUS DE PANIQUES NI DE PROJETS

Voyons maintenant en détail la réaction en chaîne des facteurs d'entretien à l'aide du cas de Pierrette. Il y a 14 ans, alors âgée de 29 ans, elle attendait d'entrer au cinéma. Soudainement, comme si quelque chose de menaçant allait lui arriver, elle a subi une attaque de panique. Son cœur s'est mis à palpiter, ses jambes sont devenues molles, elle s'est sentie isolée du monde. Elle a eu très peur de s'évanouir sur le trottoir. À partir de ce moment, la vie de Pierrette s'est résumée à deux questions: «Est-ce que j'aurai d'autres attaques de ce genre? Qu'est-ce que je peux faire pour les prévenir?»

Elle a commencé à éviter plusieurs endroits (comme les trains) d'où elle imaginait ne pas pouvoir s'échapper rapidement si elle se sentait à nouveau anxieuse ou coincée. Secrétaire de profession, elle a refusé plusieurs promotions par peur de se retrouver dans des situations devenues phobiques. Sa peur de vivre d'autres attaques de panique a limité grandement sa vie conjugale, sociale et professionnelle. Elle ne peut se déplacer que de son milieu de travail à chez elle et vice versa. Elle n'est jamais retournée au cinéma.

Elle éprouve beaucoup de difficultés à s'éloigner d'un endroit sécurisant (la maison), particulièrement lorsqu'elle doit aller là où il y a beaucoup de gens ou dans des endroits isolés. En effet, elle croit qu'elle ne pourra y obtenir de l'aide immédiatement et que ses malaises s'amplifieront jusqu'à la crise de panique. Pierrette se trouve confrontée à un problème de TPA.

Examinons les facteurs d'entretien présents chez Pierrette. La peur de s'évanouir ou qu'un malheur lui arrive lors d'une attaque de panique fait partie de ses **peurs irréalistes**. Elle **anticipe** de revivre ce type d'événement auquel elle associe injustement des <u>conséquences catastrophiques</u>. Elle vit alors un niveau d'anxiété tellement élevé qu'elle **évite les situations** d'où elle ne peut s'échapper ou trouver de l'aide rapidement. Pierrette évite tellement efficacement toutes les situations où elle appréhende de paniquer qu'elle n'a plus d'attaques de panique. Cet évitement la condamne cependant à mener une vie restreinte.

Résumé

Les facteurs en jeu dans le développement d'un trouble panique avec agoraphobie sont nombreux et se combinent de multiples façons pour chaque personne atteinte. La plupart du temps, certains facteurs prédisposent la personne à développer ce trouble. Une prédisposition biologique, certaines influences familiales et des traits de personnalité particuliers peuvent ajouter à la vulnérabilité de la personne.

Les facteurs précipitants de la première attaque de panique semblent d'un autre ordre. Il peut s'agir d'un traumatisme, d'un stresseur psychosocial ou d'un stresseur chronique. Chose certaine, la première attaque de panique constitue la pierre angulaire sur laquelle ce trouble se bâtit.

Les attaques de panique contribuent ainsi à entretenir le problème, au même titre que la peur d'avoir peur. Cette dernière implique une interprétation erronée des réactions physiques et de leurs conséquences ainsi que l'anticipation de ces malaises et catastrophes faussement prévus. Les comportements d'évitement, les bénéfices secondaires possibles et les stresseurs chroniques jouent aussi un rôle majeur dans l'entretien du trouble panique avec agoraphobie.

Chapitre trois

L'évaluation du trouble panique avec agoraphobie

DIAGNOSTIQUER VOTRE PHOBIE

Avant de commencer l'évaluation et le traitement de vos malaises, il faut poser le bon diagnostic. Il se peut qu'après la lecture des premiers chapitres, vous soyez convaincu d'avoir un trouble panique avec agoraphobie. Si c'est bien le cas, l'évaluation que vous ferez dans ce chapitre vous le confirmera. Il se peut également que vous conserviez de sérieux doutes. Vous croyez peut-être que vos malaises sont causés par des troubles physiques ou psychologiques mal diagnostiqués.

Vos doutes peuvent être justifiés. Par exemple, les individus ayant des problèmes d'asthme, d'épilepsie, d'hyperthyroïdie, d'hypoglycémie, ou encore de labyrinthite, ressentent des symptômes physiques s'apparentant à ceux présents dans une attaque de panique. Il est absolument nécessaire de consulter un médecin avant d'entreprendre le traitement de votre phobie. Si la cause de votre problème est d'origine physique, le médecin vous traitera alors de manière adéquate et les malaises disparaîtront ou seront contrôlés.

Mais vous avez sûrement déjà consulté un ou plusieurs spécialistes. Ces derniers ont probablement tenté de vous rassurer en vous disant que l'anxiété ou le stress causait vos malaises ou que le problème se logeait entre vos deux oreilles. Malgré cela, vous continuez à entretenir l'idée qu'un dérèglement physique se trouve à l'origine de vos maux. Si tel est le cas, le moment semble venu de regarder la réalité en face.

Souvent, les gens anxieux entretiennent l'idée qu'ils n'ont pu expliquer avec suffisamment de conviction et de détails leurs symptômes, ou bien qu'il n'ont pas subi les tests nécessaires ou adéquats à l'identification de leur trouble. Cependant, il faut se rendre à l'évidence que les médecins, sans être infaillibles, peuvent diagnostiquer aisément et avec un risque d'erreur minime un problème physique important. Cela apparaît d'autant plus certain lorsque de nombreux médecins le confirment.

Si malgré cela vous n'êtes toujours pas convaincu, n'hésitez pas à consulter un spécialiste dans l'évaluation et le traitement des problèmes phobiques (psychologue, psychiatre). Ce dernier pourra préciser si vous souffrez d'une phobie, si oui, de quel type de phobie, son degré d'intensité, les chances de guérison et les différentes avenues à considérer dans le traitement du problème.

L'IMPORTANCE DE L'ÉVALUATION

Dans le premier chapitre, vous avez examiné attentivement les définitions des diverses phobies et les critères diagnostiques du TPA afin de voir s'il s'agissait de votre problème. Au second chapitre, vous avez alors observé si certains des facteurs prédisposants et précipitants ont joué un rôle dans votre cas. Quant aux facteurs d'entretien, certains s'appliquent à votre condition.

Malgré la grande ressemblance entre tous les agoraphobes, il n'y a pas deux personnes dont le problème se présente exactement de la même façon. Certaines peurs peuvent être plus intenses pour un individu, l'évitement peut s'avérer plus ou moins généralisé. Cela constituerait donc une grave

erreur de chercher à vous traiter sans avoir au préalable éva-
lué votre problème d'agoraphobie avec précision.

Sans cette étape, le traitement ne peut être efficace.
Seule l'évaluation précise de votre problème vous permet
d'adapter différentes procédures de traitement en fonction
de votre rythme, de vos difficultés. N'essayez pas de gagner
du temps en passant tout de suite au traitement. Vous vous
rendriez un bien mauvais service: prenez le temps nécessaire à la compréhension détaillée de votre problème, qui se
présente d'une façon totalement unique pour vous.

S'AUTOÉVALUER

L'objectif premier de ce chapitre consiste à vous permettre d'identifier ce qui caractérise votre trouble panique
avec agoraphobie. Tout comme une empreinte digitale, il
n'existe pas deux problèmes tout à fait identiques. Chaque
agoraphobe pense et réagit d'une façon qui lui est propre.
Alors que l'un craint de perdre le contrôle et a l'impression
d'étouffer quand il est dans une foule, l'autre peut ne ressentir qu'un peu d'anxiété dans cette même situation, mais
paniquer s'il attend en ligne à l'épicerie.

Nous allons donc aborder chaque facteur relié au développement du TPA afin de vous aider à bien vous questionner
sur votre propre façon de réagir aux situations qui vous
effraient. L'élément clé de cette démarche personnelle s'appelle l'autoévaluation. S'autoévaluer, c'est un peu comme se
regarder dans un miroir. Cela consiste à prendre une distance
par rapport à soi-même de manière à avoir un reflet plus
exact de sa façon de réagir et de fonctionner dans différentes
situations quotidiennes. Cela vous apprend donc à utiliser un
outil fort utile pour consolider votre confiance personnelle.

Certains agoraphobes nous disent parfois: «Comment
puis-je apprendre à m'observer alors que l'anxiété sub-
merge une grande partie de mon attention?» Quelques
essais suffiront pour l'apprentissage de l'autoévaluation. Il
importe avant tout d'être systématique, d'y mettre du temps
et de savoir quoi observer.

QUE FAUT-IL ÉVALUER?

Le chapitre précédent a décrit les éléments actifs dans l'établissement de ce trouble phobique. Certains de ces éléments aident notre compréhension du problème sans occuper une importance centrale dans le traitement. D'autres aspects sont incontournables quand on aborde le traitement et nécessitent un examen précis de votre part.

Par exemple, la connaissance des facteurs prédisposants s'avère un outil pratique pour suggérer des avenues de travail personnel une fois le TPA maîtrisé. En s'attaquant aux éléments qui vous ont rendu plus vulnérable, vous pouvez conserver plus facilement vos acquis une fois l'intervention terminée. La connaissance des facteurs précipitants indique en quelles circonstances il faut être vigilant pour prévenir un dérapage. Par exemple, l'apprentissage de l'affirmation de soi peut vous permettre de faire face avec plus de compétence à certains stresseurs psychosociaux.

L'examen des facteurs d'entretien s'avère toutefois l'élément capital dans l'élaboration du traitement de l'agoraphobie. Ils doivent être observés minutieusement car ils servent à déterminer vos priorités de traitement et à choisir les stratégies d'intervention les plus appropriées. Examinons tour à tour chaque type de facteur ayant joué un rôle dans votre problème d'agoraphobie.

Nous vous suggérons de consigner dès maintenant toutes vos observations dans un cahier qui vous tiendra lieu de journal de bord tout au long de votre démarche. Vous y noterez vos objectifs, vos exercices, vos réussites, vos difficultés, vos bilans d'étape ou vos impressions générales. Bref, tout ce qui concerne la démarche que vous entreprenez à partir de ce livre.

AFIN DE NE PAS CONFONDRE

Nous allons procéder à l'évaluation de toutes les composantes du TPA, dont les symptômes physiques. Afin d'éviter toute confusion entre une sensation physique liée à un problème de santé particulier et une sensation causée par l'anxiété, nous vous proposons un premier exercice.

◆ *Exercice 1:*

Si vous avez un problème de santé, faites la liste des symptômes physiques qui sont causés directement par ce problème. Par exemple, si vous avez un problème de tachycardie (accélération soudaine du rythme des battements du cœur, souvent inoffensive), vous devrez prendre soin de dissocier une augmentation de votre rythme cardiaque due à ce trouble d'une attaque de panique reliée au TPA.

FACTEURS PRÉDISPOSANTS

La vulnérabilité biologique constitue le premier facteur prédisposant à développer ce problème. Les recherches actuelles démontrent que cette vulnérabilité semble commune à beaucoup d'agoraphobes. Rappelons cependant que cette caractéristique explique vos réactions physiques excessives mais n'implique absolument pas qu'il s'agit d'une cause essentielle ou suffisante pour déclencher le trouble panique. Seule l'interaction des différents facteurs en jeu peut expliquer le développement d'un tel trouble.

Nous devons également mentionner que la présence de ce facteur se mesure difficilement. Vous pouvez tout au plus en supposer la présence par des indicateurs bien indirects. Si vous avez l'impression d'avoir toujours eu plus de réactions physiques que les autres dans des situations semblables, si vous avez d'intenses réactions physiques même en présence d'un stresseur léger, peut-être avez-vous cette prédisposition.

Prenez le temps d'examiner l'environnement familial dans lequel vous avez grandi. Est-ce que certains de vos proches étaient agoraphobes ou très anxieux de tempérament? Avez-vous été surprotégé? Quelle a été l'influence de ces éléments sur votre développement? Êtes-vous autonome? Prenez le temps de vous questionner et de tirer les grandes lignes de votre héritage familial. Il ne s'agit pas de faire un retour détaillé sur votre enfance, mais d'en faire ressortir les faits marquants qui vous influencent encore aujourd'hui et qui peuvent avoir un lien avec votre phobie.

Portez maintenant attention à votre caractère. Si vous vous considérez comme constamment anxieux, si les autres vous disent que vous vous inquiétez toujours pour rien, si vous avez beaucoup de symptômes physiques et psychologiques de stress — des palpitations, des étourdissements, de l'insomnie, de la fatigue, des difficultés de concentration —, l'<u>anxiété généralisée</u> fait sûrement partie de vos traits.

<u>La tendance à être passif et dépendant</u> constitue le deuxième trait de caractère à examiner. Si cela vous concerne, vous avez de la difficulté à prendre seul vos décisions, vous évitez les difficultés plutôt que d'y faire face, vous comptez sur les autres pour régler vos problèmes à votre place.

◆ *Exercice 2:*

Prenez le temps de bien identifier les facteurs prédisposants qui vous concernent. Notez-les par ordre d'importance. S'ils vous semblent également importants, notez-les dans le même ordre que nous avons adopté pour les présenter. Vous y reviendrez au chapitre 6, après avoir complété votre traitement du TPA. Vous aurez alors à décider si vous en faites des objectifs de travail afin d'améliorer votre fonctionnement général et ainsi vous aider à maintenir vos acquis.

FACTEURS PRÉCIPITANTS

La compréhension du déclenchement de votre phobie constitue une étape très importante. En comprenant ce qui a déclenché vos premiers malaises, votre détresse sera déjà moins grande. Révisons donc les multiples facteurs précipitants afin d'identifier lesquels ont pu déclencher vos premières attaques de panique.

Le premier type de déclencheur a trait aux <u>traumatismes</u> physiques que vous avez pu subir. La première panique s'est-elle produite suite à un accouchement, une crise d'hypoglycémie ou un accident? Ou suite à un autre événement du même type?

Peut-être la panique est-elle plutôt survenue à la suite d'un <u>stresseur psychosocial</u> tel un divorce, un deuil ou la perte de votre emploi. Ou il est possible que ce soit la présence d'un <u>stresseur chronique</u> qui ait fini par épuiser votre faculté d'adaptation, qu'il s'agisse de problèmes conjugaux ou d'une maladie.

◆ *Exercice 3:*

Prenez le temps de noter, dans votre journal de bord, les éléments vous apparaissant avoir déclenché vos premières attaques de panique.

Après avoir vécu quelques attaques de panique, il est fréquent que certaines sensations physiques deviennent associées à la panique, à une sensation de danger, et déclenchent chez vous de la peur et même de la panique.

◆ *Exercice 4:*

Afin de vous aider à identifier les sensations physiques qui sont devenues pour vous source de peur, nous avons préparé ces questions:

Évaluez le degré de peur suscité par chacune des sensations <u>que vous avez déjà ressenties</u> à partir de l'échelle suivante:

1. Cette sensation ne m'effraie pas du tout.
2. Cette sensation m'effraie un peu.
3. Cette sensation m'effraie moyennement.
4. Cette sensation m'effraie beaucoup.
5. Cette sensation m'effraie énormément.

_____ Palpitations cardiaques

_____ Serrement ou sensation de lourdeur dans la poitrine

_____	Engourdissement dans les bras ou les jambes
_____	Picotement au bout des doigts
_____	Engourdissement dans une autre partie du corps
_____	Souffle court
_____	Vertige, étourdissement
_____	Vision embrouillée
_____	Nausée (mal de cœur)
_____	Papillons dans l'estomac ou estomac à l'envers
_____	Impression d'avoir un nœud dans l'estomac
_____	Boule dans la gorge
_____	Jambes molles
_____	Transpiration
_____	Gorge sèche
_____	Se sentir désorienté et confus
_____	Se sentir déconnecté, détaché de son corps: être «à moitié là»
_____	Autres sensations (décrivez-les et évaluez-les de 1 à 5).

Encerclez maintenant les trois sensations que vous ressentez le plus fréquemment. S'agit-il de celles qui vous font le plus peur? Transcrivez dans votre journal de bord les trois sensations qui vous font le plus peur et les trois sensations que vous ressentez le plus fréquemment. Il est possible qu'elles soient les mêmes ou qu'elles diffèrent.

FACTEURS D'ENTRETIEN

Nous abordons maintenant les facteurs cruciaux pour l'élaboration du traitement de votre phobie. Nous examinerons chacun d'eux attentivement. Nous vous incitons à faire chaque exercice suggéré avec précision. Vous augmenterez ainsi vos chances de succès.

LES RÉACTIONS DE PANIQUE

Les manifestations physiques suivantes font partie du quotidien de l'agoraphobe: tension musculaire, tremblements, étourdissements, engourdissements, nausées, etc. Autant d'indices que la personne vit de l'anxiété. Toutefois, ça ne semble pas être l'anxiété qui pousse l'agoraphobe à vouloir changer quelque chose à sa vie, mais bien les réactions de panique intenses qu'il a subies et a peur de revivre lorsqu'il s'éloigne de sa zone de sécurité. Certains auteurs vont même jusqu'à dire que l'agoraphobe craint surtout et avant tout de paniquer, d'où l'expression *peur d'avoir peur*.

Comment identifier et évaluer vos réactions d'anxiété et de panique? Il faut d'abord définir ce dont nous parlons. Prenons un exemple. Vous êtes dans un centre commercial achalandé quand, soudainement, vous avez l'impression de vivre un cauchemar. Tout devient sombre autour de vous, votre cœur bat très rapidement et vous avez très chaud. Vous avez de la difficulté à respirer normalement et vous devenez étourdi. Vous avez alors l'impression d'être emporté dans un tourbillon incessant où toute possibilité de contrôle paraît impossible. Vous pensez alors avec frayeur: «Je vais devenir fou. Je vais mourir si ça continue. Il faut absolument que je sorte d'ici au plus vite, j'ai besoin d'air.» Une fois sorti, vous ressentez un grand soulagement. En même temps, vous avez l'impression de ne plus avoir d'énergie et vos jambes semblent très molles comme si vous aviez couru pendant des heures. Vous êtes à la fois soulagé et découragé.

Beaucoup d'agoraphobes reconnaîtront des éléments de leur problème dans cette courte description d'une réaction que nous appelons une **attaque de panique**. De façon plus spécifique, l'attaque de panique présente les éléments suivants:

1) un niveau d'anxiété élevé combiné à de fortes réactions physiques (palpitations cardiaques, transpiration excessive, spasmes musculaires, étourdissements, nausées, etc.);

2) une diminution passagère des capacités de penser et de raisonner;

3) un désir intense d'échapper à la situation.

La fréquence des attaques de panique se révèle très variable. Un agoraphobe peut en ressentir plusieurs fois par semaine, pendant qu'un autre peut les voir diminuer ou disparaître après en avoir vécu un très petit nombre. Il faut dire que certains agoraphobes évitent tellement toute situation phobique qu'ils ne se trouvent jamais dans les conditions susceptibles de les faire paniquer. Par ailleurs, certaines personnes ont des attaques de panique dans beaucoup de situations, alors que d'autres vivent ces réactions dans un nombre d'endroits plus restreint. Enfin, les attaques de panique peuvent survenir spontanément, suite à un événement ou à l'appréhension d'un événement.

Comme les attaques de panique et leur anticipation constituent le problème central, leur évaluation revêt une importance majeure. Le point essentiel consiste à en observer la fréquence réelle et les éléments qui la précèdent. Pourquoi ces deux points se révèlent-ils cruciaux? **Parce que la majorité des agoraphobes vivent beaucoup moins d'attaques de panique qu'ils ne le croient.** Très souvent, ils emmêlent dans leurs souvenirs les moments où ils ont éprouvé des sensations physiques d'anxiété et les moments où ces sensations ont augmenté jusqu'à la panique.

De la même façon, les attaques de panique imprévisibles sont peu fréquentes. La plupart du temps, la personne a déjà eu une attaque de panique à cet endroit ou l'a anticipée. À force de les observer, vous constaterez que les attaques de panique vraiment soudaines sont des événements rares.

◆ *Exercice 5:*

Décrivez en vos termes une attaque de panique typique que vous avez vécue. Portez attention à vos sensations physiques, à vos pensées et à vos comportements.

◆ *Exercice 6:*

Notez la fréquence de vos attaques de panique. Prenez soin de ne pas confondre des symptômes d'anxiété moins intenses avec une véritable panique. Vous constaterez peut-être que vous n'avez plus d'attaques de panique. Si vous en avez fréquemment, remarquez attentivement quels en sont les déclencheurs, incluant vos pensées reliées à l'événement.

LES PEURS IRRÉALISTES ET LES ANTICIPATIONS NÉGATIVES

Une attaque de panique consiste en une réaction d'alarme amplifiée et injustifiée. Bien que hautement désagréable, elle s'avère totalement inoffensive. L'agoraphobe y associe pourtant une panoplie de significations et de conséquences désastreuses. Il craint la pire catastrophe: perdre le contrôle, s'évanouir, devenir fou, mourir, etc. Ces peurs irréalistes dont l'agoraphobe se montre fortement convaincu amplifient l'intensité de sa panique. Elles nourrissent également sa peur de paniquer.

Après avoir vécu quelques attaques de panique dans une diversité de situations, le simple souvenir de ces réactions désagréables peut générer de fortes craintes et de l'angoisse chez l'individu. Souvent, avant d'aller dans un endroit, l'agoraphobe anticipe des difficultés puisqu'il en a déjà vécu auparavant. Il minimise sa capacité à composer efficacement avec son anxiété et amplifie les conséquences et les réactions physiques susceptibles de se produire. Ses idées et ses craintes constituent des anticipations négatives et amplifient son anxiété avant même d'affronter la situation.

L'agoraphobe peut également entretenir le même genre de pensées angoissantes pendant qu'il se trouve dans la situation, accentuant encore son anxiété. Il confirme alors ses craintes initiales puisqu'il se sent de moins en moins en contrôle de la situation.

La perception des caractéristiques d'une situation jugée potentiellement menaçante, de même que la perception de sa propre capacité à faire face à cette situation, constituent, selon nous, des points très importants qui sont à la source de la décision d'un agoraphobe d'affronter ou d'éviter cette situation.

Date	Heure	Durée *(min.)*	Intensité *(1-10)*	Étiez-vous: 1. seul 2. accompagné *(par qui?)*	Type d'attaque de panique: 1. Déclenchée <u>par l'exposition à une situation</u> anxiogène ou qui a été problématique. 2. Déclenchée <u>à la pensée d'une situation</u> qui vous inquiète, que vous craignez qui soit problématique, et qui va survenir. 3. Déclenchée par des <u>sensations physiques</u>. 4. Spontanée, <u>inattendue</u>, qui arrive comme par surprise. *(Si réponse 1, 2, 3, veuillez préciser.)*

Sensations éprouvées lors de l'attaque:	À quoi pensiez-vous

1. Étouffement   9. Engourdissements/
2. Étourdissements   picotements
3. Palpitations   10. Chaleurs/frissons
4. Tremblements   11. Douleur ou gêne
5. Transpiration   thoracique
6. Étranglement   12. Peur de mourir
7. Nausée ou gêne   13. Peur de devenir
   abdominale   fou ou de perdre
8. Irréalité/   le contrôle
   ne pas être là
	a. avant
	b. pendant
	c. après
	
	l'attaque de panique?

	a- —————————— —————————— b- —————————— —————————— c- —————————— ——————————
	a- —————————— —————————— b- —————————— —————————— c- —————————— ——————————
	a- —————————— —————————— b- —————————— —————————— c- —————————— ——————————
	a- —————————— —————————— b- —————————— —————————— c- —————————— ——————————
	a- —————————— —————————— b- —————————— —————————— c- —————————— ——————————

* Une attaque de panique se définit par un niveau d'anxiété élevé accompagné par de fortes réactions physiques (étouffement, étourdissements, palpitations, tremblements, etc.) et psychologiques (peur de mourir, de devenir fou, etc.) ainsi que par un désir intense d'échapper à la situation.

◆ *Exercice 7:*

Afin de préciser vos pensées lorsque vous anticipez et lorsque vous êtes dans une situation anxiogène, nous avons préparé ces questions.

Évaluez la fréquence d'apparition de <u>chacune</u> de ces idées lorsque vous êtes nerveux ou effrayé en vous référant à l'échelle qui suit:

1. Cette idée n'apparaît jamais.
2. Cette idée apparaît rarement.
3. Cette idée apparaît parfois.
4. Cette idée apparaît fréquemment.
5. Cette idée apparaît toujours.

_____	Je vais vomir.
_____	Je vais mourir.
_____	Je dois avoir une tumeur cérébrale.
_____	Je vais avoir une crise cardiaque.
_____	Je vais étouffer, suffoquer, manquer d'air.
_____	Je vais avoir l'air fou.
_____	Je vais devenir aveugle.
_____	Je ne serai pas capable de me contrôler.
_____	Je vais blesser quelqu'un.
_____	Je vais m'évanouir.
_____	Je vais devenir fou.
_____	Je vais me mettre à crier.
_____	Je vais me mettre à marmonner ou à dire n'importe quoi.
	Je vais être paralysé de peur.
_____	Autres idées (décrivez-les et évaluez-les de 1 à 5).

Encerclez maintenant les trois pensées qui déclenchent le plus de peur en vous.

Utilisez vos réponses aux énoncés précédents, vos expériences passées et celles que vous vivez présentement pour répondre aux questions suivantes. Pour vous aider, vous pouvez vous installer confortablement, fermer les yeux et essayer de vous imaginer le plus clairement possible une situation où vous êtes porté à anticiper ou à avoir des pensées angoissantes.

1) Quelles sont mes craintes principales avant d'affronter une situation anxiogène? Quelles sont les sensations physiques que je redoute (voir exercice 4)? Quelles conséquences j'attribue à ces sensations?

2) Pendant que je suis dans la situation, à quoi suis-je porté à penser?

3) Une fois sorti de la situation, qu'est-ce que je me dis?

L'ÉVITEMENT

Lorsque confronté aux multiples manifestations physiques désagréables qui l'envahissent et aux pensées angoissantes qui captent son attention, l'agoraphobe préfère le douillet confort de son domicile à l'affrontement des situations génératrices de peur. L'évitement de ces situations constitue l'une des clés de l'entretien du problème. L'évitement consiste à esquiver une situation en raison de la crainte qu'elle inspire. Dans le cas de l'échappement, il s'agit plutôt de sortir d'une situation pour fuir les malaises et l'anxiété qui surviennent.

Ces comportements renforcent la peur. En évitant, la personne n'apprend pas à transiger avec l'anxiété et entretient ses peurs irréalistes en ne les confrontant jamais avec la réalité. En s'échappant d'une situation, elle entretient la conviction qu'un malheur serait arrivé si elle était restée. Elle se prive ainsi de constater que l'anxiété aurait baissé et qu'aucun malheur ne serait survenu si elle était restée dans la situation.

Pour l'agoraphobe, l'évitement est la solution rapide et facile pour diminuer les états de tension. Certaines personnes s'abstiennent de fréquenter des endroits spécifiquement associés à leurs peurs ou évitent les déplacements loin de leur domicile ou de rester seules à la maison. D'autres choisissent de s'exposer à la situation mais la quittent au moindre malaise, c'est-à-dire s'en échappent.

Enfin, certains agoraphobes réussissent à faire face aux situations anxiogènes à condition d'être accompagnés de quelqu'un en qui ils ont confiance (conjoint, ami, parent, etc.) ou d'avoir certaines garanties sécurisantes sur le plan psychologique. Il peut s'agir de l'ingestion d'un médicament avant de sortir, du transport d'une bouteille d'eau dans le sac à main, de la planification d'un trajet en auto pour éviter la circulation dense, les ponts et les tunnels, etc. L'agoraphobe peut ainsi, assez subtilement, éviter une situation en adoptant toute une panoplie de comportements sécurisants.

La plupart des agoraphobes comptent sur la présence d'une ou de plusieurs personnes (le plus souvent, le conjoint, des parents ou des amis) lors des sorties à l'extérieur du domicile. La personne à qui ils font confiance leur donne l'impression que la situation représente moins de danger. Ces mêmes personnes, les compagnons phobiques, pensent aider l'individu agoraphobe en l'accompagnant ou en accomplissant des choses à leur place (emplettes, sorties, etc.) afin qu'il ne soit pas obligé de sortir. Cependant, cette attitude de l'entourage renforce le comportement d'évitement et par le fait même risque d'augmenter la peur.

Il faut mentionner également que les agoraphobes n'évitent pas tous les mêmes situations avec la même fréquence. Chaque personne aux prises avec cette phobie doit donc faire l'inventaire des situations évitées en considérant la constance de l'évitement.

◆ *Exercice 8:*

1) Décrivez en vos propres mots comment vous êtes porté à vous comporter lorsque vous avez à faire face à une situation génératrice de peur.

2) Êtes-vous porté à éviter certains lieux ou certaines situations en particulier? Si oui, à quel degré évitez-vous ces situations?

3) Quelles sont les personnes connaissant votre problème d'agoraphobie? Parmi ces personnes, lesquelles vous accompagnent dans vos sorties?

4) Quels sont les trucs sécurisants qui vous servent à réduire votre peur?

Pour vous aider, complétez le questionnaire suivant: indiquez à quel point vous évitez les situations ou les endroits suivants en raison de l'anxiété ou des malaises qu'ils provoquent. Évaluez votre degré d'évitement lorsque vous êtes accompagné d'une personne sécurisante et lorsque vous êtes seul. Utilisez l'échelle suivante:

1. Je n'évite jamais.
2. J'évite rarement.
3. J'évite une fois sur deux.
4. J'évite la plupart du temps.
5. J'évite toujours.

Inscrivez le chiffre approprié pour chaque endroit ou situation sous les deux conditions suivantes: accompagné et seul. Si une situation ne s'applique pas à vous, ne répondez pas.

ENDROITS/SITUATIONS	Accompagné	Seul
Cinémas		
Supermarchés		
Salles de cours		
Magasins à rayons		
Restaurants		
Musées		
Ascenseurs		
Amphithéâtres ou stades		
Stationnements intérieurs		
Endroits élevés: quelle hauteur?		
Espaces fermés (ex.: tunnels)		
Espaces vastes		
a) à l'extérieur (champs, rues larges...)		
b) à l'intérieur (grandes pièces, salles d'attente...)		

Aller en autobus	————	————
Aller en train	————	————
Aller en métro	————	————
Aller en avion	————	————
Aller en bateau	————	————
Conduire ou aller en automobile		
a) généralement	————	————
b) sur les voies rapides	————	————
Attendre en ligne	————	————
Traverser des ponts	————	————
Réceptions ou rencontres sociales	————	————
Marcher sur la rue	————	————
Rester seul à la maison	————	————
Être éloigné de la maison	————	————
Autre (spécifiez):	————	————

◆ *Exercice 9:*

Après avoir complété ce questionnaire, faites une liste de tout ce que vous aimeriez faire si vous n'aviez plus de problème d'agoraphobie. Inscrivez-y tout ce qui vous vient à l'esprit, tout ce que vous souhaiteriez accomplir et qui semble irréalisable présentement à cause de votre phobie. Il ne faut pas oublier d'inscrire même les situations les plus difficiles comme les voyages à l'étranger. Ensuite, placez tous les items de votre liste par ordre de difficulté, de sorte que l'item le plus facile apparaisse au début et le plus difficile à la fin de votre liste. Par exemple, la liste de Mme Hurtubise, avant le traitement, se composait des items suivants:

- Marcher seule sur la rue
- Visiter une amie
- Conduire pour visiter ma belle-mère
- Restaurants, assise près de la porte
- Restaurants, assise au fond
- Centre commercial
- Salon de beauté
- Cinémas, théâtres
- Église, librairies, demeurer seule la nuit

Votre liste jouera un rôle crucial dans votre traitement. Afin de la compléter et de la rendre plus fonctionnelle, identifiez pour chacune des situations les facteurs faisant varier le degré de difficulté (le fait d'être seul ou accompagné, le temps, la distance, le nombre de personnes présentes, etc.). La liste de Mme Hurtubise s'est ainsi modifiée. Elle a inclu des items plus détaillés dans sa hiérarchie:

- Marcher sur la rue seule
- Marcher sur la rue avec une amie
- Marcher sur la rue dans mon quartier
- Marcher sur la rue Saint-Denis
- Marcher sur la rue durant une heure
- Marcher sur la rue en soirée
- Conduire seule en auto
- Conduire pour visiter ma belle-mère
- Conduire en auto à la campagne
- Conduire en auto avec ma famille
- Conduire en auto avec des étrangers
- Conduire en auto à l'heure de pointe
- Aller à l'église assise seule au fond de la salle
- Aller à l'église, assise seule sur le dernier banc
- Aller à l'église, assise à côté de mon mari
- Aller à l'église seule, assise dans les premiers bancs près de la rangée
- Aller à l'église seule, assise dans les premiers bancs, au milieu du banc

Finalement, évaluez le degré de difficulté que vous éprouvez dans ces différentes situations. Faites cette évaluation pour toutes les possibilités identifiées précédemment. Représentez votre niveau de malaise à l'aide d'un pourcentage. Dans votre échelle, 0 % signifie l'absence de difficulté, 100 % représente un niveau de malaise maximal. Cette évaluation vous est tout à fait personnelle. L'important réside dans l'utilisation des mêmes critères d'évaluation pour chacune des possibilités.

Les renforçateurs secondaires

Certains agoraphobes sont renforcés dans leur problème. Ils reçoivent énormément d'attention et se trouvent surprotégés par certains de leurs proches. Ceux-ci se sentent valorisés de leur être aussi utiles et nécessaires. Le TPA peut servir indirectement un couple où un des membres a un caractère dominateur pendant que l'autre présente des traits dépendants. La phobie vient protéger les rôles déjà établis des partenaires en accentuant le rôle de chacun.

Dans le cas où une personne a des traits prononcés de passivité, il peut être très agréable de ne plus avoir à faire les courses ou à prendre des responsabilités. Pour d'autres, ce sera l'occasion de laisser un travail pour rester à la maison, ce qu'ils n'auraient pu faire autrement. Rappelons cependant que nous croyons ces bénéfices majoritairement dommageables à long terme, car ils rendent la personne prisonnière de sa cage dorée.

Peut-être êtes-vous choqué d'entendre parler de renforçateurs secondaires alors que vous vivez une grande souffrance due à votre problème. Mais rappelez-vous, comme pour les autres facteurs, cela peut ne pas être vrai pour vous. L'entourage peut parfois avoir une attitude hostile vis-à-vis de l'agoraphobe. Comprenant peu ses difficultés à sortir, certains critiquent la passivité extrême et les craintes irrationnelles de l'agoraphobe. Interprétant les comportements d'évitement comme un signe de paresse ou de manque de volonté, les proches rejettent les plaintes et les demandes multiples de cette personne en détresse.

◆ **Exercice 10:**

1) Votre conjoint, votre famille ou vos amis vous encouragent-ils à faire face aux situations qui vous font peur? Si oui, de quelle façon?

2) Si non, que font-ils et quelle est leur attitude face à votre problème?

3) Quels bénéfices secondaires pourriez-vous craindre de perdre en entreprenant une démarche de changement?

LES STRESSEURS CHRONIQUES

Dans le cas où un stresseur chronique a déclenché votre agoraphobie, il influence probablement encore votre vie. Nous avons qualifié ce stresseur de *chronique* parce qu'il s'avère présent depuis longtemps. Cependant, jusqu'à quel point est-il effectivement chronique, c'est-à-dire non modifiable? Prenez le temps de bien examiner ce facteur car il peut jouer un rôle majeur dans l'entretien de votre phobie en maintenant votre niveau d'anxiété si élevé qu'il vous rend encore plus vulnérable à de nouvelles attaques de panique.

◆ *Exercice 11:*
1) Y a-t-il un stresseur chronique qui entretient votre phobie?
2) Pouvez-vous envisager des mesures à moyen ou à long terme qui permettraient de l'éliminer ou d'en réduire l'importance?
3) Sinon, quelles avenues pouvez-vous adopter afin que ce stresseur vous affecte moins?

Existe-t-il des façons de composer avec le problème qui diminueraient son impact sur vous?

ÉVALUER VOTRE MOTIVATION À CHANGER

Si vous avez complété chacun des exercices précédents, vous connaissez maintenant beaucoup mieux votre TPA. Vous comprenez comment vous étiez prédisposé à le développer et comment le problème a été déclenché. Vous savez comment se présentent vos attaques de panique et comprenez comment vos peurs irréalistes et vos anticipations contribuent à les alimenter. Vous savez jusqu'à quel point l'évitement vous joue de mauvais tours et connaissez les situations que vous évitez peut-être depuis des années. Vous avez également conscience des bénéfices que vous retirez peut-être de ce problème. Le rôle joué par un stresseur chronique dans l'entretien de votre phobie vous apparaît plus clairement. Avant d'entreprendre votre propre traitement, une dernière étape doit être réalisée si vous voulez réussir: il faut évaluer votre motivation à changer.

Après avoir identifié les situations qui vous font peur et votre propre mode de réaction à ces situations, il peut sembler logique que vous désiriez régler votre problème. Vous pouvez alors devenir votre propre thérapeute en utilisant les différentes techniques d'intervention décrites dans les prochains chapitres.

Toutefois, avant de passer à cette section, vous devez entrevoir l'impact que ce changement pourra entraîner dans votre vie et l'adaptation qu'il exigera de votre entourage.

Selon notre expérience, l'impact se révèle généralement positif pour l'agoraphobe, lequel devient plus autonome et accroît graduellement son taux d'activités sociales. Le conjoint (s'il y a lieu) se sent souvent libéré d'un fardeau devenu de plus en plus lourd avec les années. Cependant, il arrive que l'impact soit partiellement négatif pour certaines personnes.

Pour un agoraphobe qui n'aime pas les activités sociales et qui présente des difficultés à communiquer avec les autres, le TPA peut devenir une raison acceptable pour ne pas sortir à l'extérieur. Il en est de même pour l'agoraphobe qui n'aime pas faire l'épicerie ou d'autres tâches reliées à la vie quotidienne. Le TPA sert alors d'excuse pour rester au domicile et ne pas sortir par une froide journée d'hiver. Des conséquences négatives peuvent également se produire chez un conjoint qui, valorisant la dépendance de son épouse vis-à-vis de lui, se voit maintenant confronté à une partenaire plus indépendante et autonome. Il arrive parfois que des conflits conjugaux surviennent lorsque le TPA commence à s'atténuer.

Malgré ces aléas, les avantages reliés à un changement prennent nettement le dessus sur les désavantages. Ne plus avoir de problèmes de panique et d'évitement permet à la personne de pratiquer des activités qu'elle n'osait pas entreprendre auparavant. Elle élargit son cercle social et son réseau d'amis, elle travaille, voyage, etc. À vous de soupeser le pour et le contre.

◆ *Exercice 12:*
1) Quels sont les avantages et les inconvénients reliés à l'amélioration de votre problème de TPA?
2) Après en avoir parlé à votre conjoint ou à vos proches, selon eux, quels sont les avantages et les inconvénients reliés à une modification de votre situation?
3) Quelle sera l'attitude de votre conjoint dans votre démarche thérapeutique (support, rejet, indifférence, etc.)? Vous attendez-vous à des réactions négatives de sa part advenant une résolution de votre problème? Si oui, comment allez-vous faire face à ses réactions?
4) Quels sont vos objectifs à court, à moyen et à long terme? Ces objectifs sont-ils réalistes?

En plus de connaître votre problème précisément, vous avez maintenant fait le point sur l'impact qu'aura votre changement personnel sur vous et votre entourage. Nous espérons que votre bilan s'avère positif et que vous êtes maintenant prêt à entreprendre une démarche de traitement de votre agoraphobie. Dans les moments plus difficiles, revenez lire la liste d'objectifs que vous venez de vous fixer. Elle vous aidera sûrement à affronter les difficultés et les moments de découragement, petits ou grands, qui parsèment toute démarche de changement.

Résumé

Dans ce chapitre, nous avons souligné l'importance d'autoévaluer de façon précise les facteurs d'entretien de votre trouble panique avec agoraphobie. Pour entreprendre un traitement, vous devez connaître ce qui déclenche vos attaques de panique, vos peurs irréalistes, vos anticipations négatives, vos comportements d'évitement. Vous devez également vous interroger sur les renforçateurs secondaires à votre problème et votre motivation à changer. En effet, changer demande de l'effort et de la persévérance. Plus vous serez honnête avec vous-même, plus vous augmenterez vos chances de mener à terme votre traitement et de regagner une meilleure qualité de vie.

DEUXIÈME PARTIE

Changer

Chapitre quatre

Le traitement: la panique et l'évitement

UN TRAITEMENT À PLUSIEURS COMPOSANTES

La lecture des premiers chapitres vous a permis de faire le point sur votre problème et de le comprendre. Vous avez déterminé s'il s'agissait bien d'un trouble panique avec agoraphobie, comment il s'est développé, vous avez autoévalué votre problème. Dans cette deuxième partie, nous sommes donc prêts à parler de traitement.

Comme nous l'avons mentionné précédemment, certains facteurs vous ont prédisposé à ce problème tandis que d'autres facteurs l'entretiennent. Dans ce chapitre, nous allons vous proposer des moyens pour démystifier la panique et pour abandonner vos habitudes d'évitement. Vous trouverez dans le chapitre suivant des façons de modifier votre dialogue intérieur et vos réactions physiques. **Les techniques de ces deux chapitres se complètent, c'est-à-dire que le fait de les travailler en parallèle vous aidera à mieux les maîtriser.** Vous verrez, par exemple, que la modification du dialogue intérieur aide grandement à ne pas éviter une situation phobique. Le dernier chapitre permettra d'aborder le maintien des acquis et les problèmes de traitement particuliers.

Nous vous proposons les stratégies de traitement que les recherches actuelles ainsi que notre expérience clinique indiquent comme étant très efficaces. Nombre d'agoraphobes ont apprivoisé leur panique et vaincu leur TPA avec cette méthode. Rappelez-vous cependant qu'une stratégie, la plus efficace soit-elle, demande toujours de l'effort quand vient le temps de l'appliquer. Votre persistance constitue indéniablement une clé maîtresse pour vaincre votre phobie. Assurez-vous donc d'avoir en tête tous les bienfaits qui viendront après les premiers efforts de traitement. Ils vous serviront de point d'appui jusqu'à ce que vous commenciez à récolter les fruits de votre travail. L'effort à mettre n'aura d'égal que votre fierté d'avoir surmonté la peur ainsi que la liberté de mouvement retrouvée.

Le traitement porte sur chacune des composantes de votre phobie. Il s'adresse d'abord aux attaques de panique en les démystifiant et en vous donnant des moyens pour mieux y faire face. On aborde ensuite l'évitement en vous suggérant des stratégies d'approche des situations phobiques qu'on appelle une thérapie comportementale.

DÉMYSTIFIER LA PANIQUE ET SES CONSÉQUENCES

Certaines personnes éprouvent, à un moment de leur vie, des réactions physiologiques et des réactions d'anxiété si intenses qu'elles se transforment en attaques de panique. Parmi les principales réactions physiologiques associées aux attaques de panique, nous retrouvons l'augmentation du rythme cardiaque, les palpitations, les sensations d'étouffement et les étourdissements. L'intensité des attaques peut varier et ces dernières peuvent survenir dans différents endroits. La personne qui vit une attaque de panique n'arrive pas à contrôler ni à comprendre ce bouleversement qu'elle perçoit comme catastrophique et grave. De là provient la crainte de mourir, d'avoir une crise cardiaque ou de devenir fou.

Elle peut alors développer la crainte d'éprouver à nouveau ces sensations désagréables qu'elle croit imprévisibles, incontrôlables et ne pouvant que mener à des catastrophes. L'intensité et la diversité des réactions physiologiques sont à la fois la cause et le résultat de la peur panique, de la peur d'avoir peur, et contribuent à entretenir un sentiment de catastrophe imminente.

Afin d'arriver à ne plus être terrifié par les réactions physiologiques d'anxiété présentes lors d'une attaque de panique, nous discuterons ici, objectivement, les conséquences irréalistes que les gens craignent le plus souvent.

LA PEUR D'UN ARRÊT CARDIAQUE

Les agoraphobes associent le rythme cardiaque élevé et les palpitations à un danger de crise cardiaque. Pourtant ces deux réactions, lorsque causées par une attaque de panique, sont totalement inoffensives pour le cœur. Le cœur est un muscle constitué de fibres très denses et très fortes. Bien plus fortes que vous ne le croyez. Selon certaines données, votre cœur peut battre à un rythme de deux cents pulsations par minute pendant plusieurs heures sans subir de dommage. S'il s'emballe, vous pouvez donc avoir confiance qu'il n'en résultera aucune séquelle. Son rythme redeviendra normal après quelques minutes.

L'attaque de panique diffère totalement d'une crise cardiaque. Pendant une attaque de panique, les battements cardiaques peuvent être accélérés, saccadés, irréguliers. Certaines personnes rapportent même ressentir des douleurs brèves dans la partie gauche de la poitrine. Cependant, ces symptômes ne sont pas du tout aggravés par les mouvements et l'activité physique.

Lors d'une véritable crise cardiaque, le principal symptôme consiste en une douleur intense et continue au centre de la poitrine. Le changement de rythme cardiaque apparaît très secondaire par rapport à la douleur. De plus, la douleur et la pression augmentent avec l'exercice et diminuent avec le repos. C'est très différent d'une attaque de panique, où les symptômes peuvent augmenter si vous restez dans la situation et diminuent si vous vous déplacez pour sortir de la situation.

Bref, il n'existe aucun lien entre la crise de panique et la crise cardiaque. Bien qu'excessivement désagréable, la panique ne représente aucun danger pour votre cœur.

LA PEUR D'ÉTOUFFER

Les gens ont souvent peur d'étouffer pendant une panique. À cause du stress, les muscles du cou et de la poitrine se contractent et la capacité respiratoire s'en trouve réduite. Soyez sûr que cela ne représente aucun danger et que cela va passer. Le cerveau contrôle le mécanisme de réflexe de la respiration et il va vous forcer à respirer si vous ne prenez pas suffisamment d'oxygène. Si vous n'êtes pas convaincu, essayez de retenir votre respiration pour plus d'une minute et observez ce qui va se passer. À un certain moment, vous allez automatiquement recommencer à respirer. La même chose se produit lors d'une panique. Si vous ne respirez pas suffisamment, vous allez automatiquement prendre une grande inspiration avant de manquer d'air. La panique ne représente donc aucun risque d'étouffement.

LA PEUR DE S'ÉVANOUIR

Les sensations de vertige se présentent très fréquemment lors d'une panique. Certaines personnes les associent avec l'évanouissement. Pourtant, ces sensations sont liées à une réduction de la circulation du sang dans le cerveau principalement causée par une respiration trop rapide ou hyperventilation (voir la section traitant de la rééducation respiratoire). Cela ne constitue pas le moindre danger et disparaît avec le retour à une respiration normale. Le fait de marcher un peu aide à rétablir la situation, mais le plus important consiste à accepter les sensations plutôt que de les combattre. Justement parce que votre cœur pompe plus fort et augmente votre circulation sanguine, la probabilité que vous perdiez connaissance se trouve diminuée.

LA PEUR DE PERDRE L'ÉQUILIBRE

Il peut vous arriver d'avoir des sensations de vertige pendant une panique. Il apparaît probable que la tension affecte le canal semi-circulaire de votre oreille interne qui contrôle l'équilibre. Vous pouvez ainsi être étourdi, avoir l'impression que les choses tournent autour de vous. Ces étourdissements vont généralement disparaître très rapidement. S'ils devaient persister, consultez votre médecin afin de vous assurer que vous n'avez pas d'infection de l'oreille interne. Si vous savez déjà que vous n'avez aucune infection, acceptez ces étourdissements comme un phénomène passager et inoffensif puisqu'il n'y a aucun danger qu'ils vous fassent perdre l'équilibre.

LES JAMBES MOLLES

Pendant une panique, l'adrénaline sécrétée dilate les vaisseaux sanguins des jambes. Le sang s'accumule dans les muscles et circule moins bien. Ce phénomène donne l'impression d'avoir les jambes molles et laisse penser qu'il est impossible de marcher. Rassurez-vous, rien n'est plus faux. Cette sensation de mollesse ne constitue justement qu'une impression. Vos jambes peuvent vous emmener où vous voulez et vous soutenir aussi longtemps que vous le désirez. Acceptez les sensations et faites confiance à vos jambes, elles ne vous laisseront pas tomber.

LA PEUR DE DEVENIR FOU

La respiration trop rapide, propre à une attaque de panique, cause invariablement une constriction artérielle, réduisant le flot sanguin qui se rend au cerveau. Il en résulte des sensations de désorientation et d'irréalité qui vous effraient peut-être. Vous avez peur de devenir fou parce que vous vous sentez étrange, bizarre. Vous devez pourtant vous rassurer, ces sensations sont dues à un changement temporaire de circulation artérielle dans votre cerveau et n'ont strictement aucun lien avec la folie. Bien que la peur de devenir fou soit fréquente lors des attaques de panique, personne ne l'est jamais devenu à cause de cela. Ces sensations désagréables vont disparaître dès que votre tension sera rétablie.

La schizophrénie, maladie mentale que l'on associe souvent à la folie, n'apparaît jamais de façon soudaine et spontanée. Elle se développe lentement, au fil des ans, et ne résulte pas d'une attaque de panique. Personne n'a jamais commencé à halluciner ou à entendre des voix pendant une simple attaque de panique. Ainsi, vos paniques ne vous rendront jamais fou, peu importe vos symptômes d'irréalité et de bizarrerie.

LA PEUR DE PERDRE LE CONTRÔLE

Les gens ont souvent peur de perdre le contrôle à cause des sensations intenses ressenties pendant une panique. Ils croient qu'ils pourraient se mettre à hurler ou à courir dans tous les sens. Bien que cette peur soit plus que fréquente, rien de tel ne se produit. Toute votre attention se trouve tellement centrée sur la volonté de fuir la situation que votre seule perte de contrôle consistera à partir plutôt qu'à rester sur place. La perte de contrôle redoutée pendant une attaque de panique constitue simplement un mythe.

Nous venons de discuter des sensations physiques et émotionnelles de peur associées à la panique. Vous devez maintenant reconnaître que ces sensations, si déplaisantes soient-elles, sont inoffensives. Vous devez arrêter d'exagérer vos réactions de peur car il n'y a pas de danger réel. On parle de trouble panique parce que vous avez, dans des contextes inappropriés, des réactions de survie comme si vous faisiez face à un véritable danger. Comme vous n'en courez aucun, il faut que vous appreniez à ne plus cultiver la croyance que vous accordez aux conséquences fictives discutées plus haut. La véritable conséquence de la panique est le désagrément, la souffrance émotionnelle. Il faut donc cesser de redouter des dangers totalement inexistants pour apprendre à désamorcer ce signal d'alarme inapproprié que constitue l'attaque de panique. N'oubliez pas, **moins vous aurez peur** de la panique, moins vous aurez de panique. Si vous doutez des explications que nous vous donnons ici, vérifiez-les avec votre médecin. Cela finira de dissiper vos doutes.

◆ *Exercice 13:*
Prenez votre journal de bord. Révisez les notes que vous avez prises aux exercices 4 et 7. Vous y avez noté les sensations physiques qui vous font peur et les pensées liées à la panique et l'évitement. Comparez dès maintenant ces observations aux explications que nous venons de vous donner sur la panique. Les interprétations injustes que vous donnez à vos sensations constituent un des facteurs de maintien les plus importants de votre problème. Prenez donc le temps de noter, dans votre journal de bord, des interprétations plus réalistes pour les trois sensations qui vous font le plus peur, et les pensées qui s'y rattachent. Lorsque vous vivrez une panique, si vous ne voulez pas l'amplifier, vous devrez remplacer vos pensées catastrophiques par les pensées réalistes que vous avez notées.

FAIRE FACE À LA PANIQUE

Suite à l'autoobservation de vos attaques de panique, aux exercices 5 et 6, vous avez probablement constaté en avoir moins souvent que vous ne le pensiez. De plus, vous avez sûrement identifié les signaux qui les précèdent. Le travail que vous ferez sur vos pensées et vos comportements aidera encore à en réduire l'occurrence. Il n'est pas dit cependant que vous n'en aurez plus jamais. Il s'avère donc très important que vous sachiez comment réagir pour ne pas amplifier la panique lorsqu'elle survient.

ACCEPTER LES SENSATIONS
Le fait de lutter contre les sensations de panique a automatiquement pour effet soit de les maintenir, soit de les amplifier. En effet, en vous contractant, vous devenez plus tendu, anxieux, et vous augmentez les sensations que vous

redoutez tant. De plus, en cherchant à les contrôler à tout prix, vous entretenez votre conviction qu'elles sont dangereuses. Puisqu'elles ne représentent aucun danger, <u>acceptez-les</u>. Laissez passer la panique dans votre corps en observant vos sensations, sans les refuser. Plus vous vous laisserez aller, moins la panique sera forte.

CESSER D'EXAGÉRER

Nous avons discuté précédemment des sensations auxquelles on attribue des conséquences irréalistes. Vous savez maintenant que ces sensations s'avèrent totalement inoffensives. Alors, ne vous permettez plus de vous faire peur en pensant à des catastrophes qui n'arriveront jamais. Rappelez-vous, vous ne courez aucun danger, alors n'entretenez pas de pensées effrayantes inutilement. Utilisez vos notes de l'exercice 13 pour vous aider.

SE CENTRER SUR LE PRÉSENT

Concentrez-vous sur ce que vous ressentez au moment de l'attaque plutôt que sur des sensations qui n'apparaîtront peut-être jamais. Plus vous serez centré sur le présent, moins vous provoquerez vous-même l'apparition d'autres sensations désagréables.

ATTENDRE QUE LA PEUR DISPARAISSE

La panique résulte d'une hausse soudaine d'adrénaline. Si vous n'aggravez pas la peur en tentant de contrôler les sensations physiques ou en entretenant des pensées catastrophiques, l'adrénaline sera métabolisée, réabsorbée par votre organisme en l'espace de trois à cinq minutes. En tentant de contrôler vos réactions plutôt que de les accepter, elles augmentent. Rappelez-vous, les attaques de panique ont une durée limitée. Attendez donc que la peur disparaisse d'elle-même.

RESTER SUR PLACE

Restez sur place jusqu'à ce que votre anxiété descende suffisamment. Rappelez-vous, plus vous ferez face à vos peurs, plus vous constaterez qu'elles n'étaient pas justifiées et qu'aucun des malheurs prévus n'est survenu. À force de constater que la réalité offre des scénarios beaucoup moins terribles que ceux provenant de votre imagination, vous retrouverez votre confiance en vous et votre sentiment de sécurité personnelle.

Nous vous suggérons fortement de mémoriser ces cinq points. Si vous les mettez en application pendant une attaque de panique, vous verrez qu'elle sera de moindre intensité et que vous la trouverez beaucoup moins pénible à supporter. Maintenant que vous connaissez mieux la panique et savez comment l'apprivoiser, nous allons aborder l'aspect comportemental du traitement.

AFFRONTER PLUTÔT QU'ÉVITER

En abordant les facteurs d'entretien, nous avons souligné l'importance des comportements pour maintenir la phobie. Nous avons démontré le rôle majeur tenu par les comportements d'évitement pour perpétuer la peur. Rappelez-vous: chaque fois que vous évitez de faire face à une situation, vous vous sentez profondément soulagé, vous croyez vous être épargné une catastrophe. En agissant de la sorte, vous augmentez la probabilité de reproduire le même comportement. Vous n'avez jamais la chance de constater que, si vous restiez, il n'arriverait aucun des malheurs que vous appréhendez. Bien sûr, vous auriez des malaises et vous seriez anxieux. Mais de l'anxiété à la catastrophe, il y a un pas que vous ne franchiriez pas.

Pour vaincre votre peur, il faut cesser d'éviter et commencer à vous exposer aux situations que vous craignez. La peur de paniquer et la crainte de perdre le contrôle vous ont empêché de faire ce pas auparavant. Aussi, pour vous donner le courage de foncer, nous avons démystifié les conséquences irréalistes que vous accordiez à la panique. Vous êtes maintenant prêt à retourner graduellement dans les situations que vous avez appris à éviter.

Certains d'entre vous éprouvent peut-être le désir de refermer ce livre, terrifiés à l'idée d'affronter les situations redoutées depuis des années. N'ayez pas peur, quand vous les affronterez, vous désirerez y faire face. Nous vous proposons une méthode simple qui ne nécessite que de la persévérance et un peu de courage. Nous allons vous présenter les étapes à suivre ainsi que l'esprit dans lequel vous devez les appliquer. Mais avant, voyons pourquoi le fait de vous exposer aux situations d'une manière bien précise fera disparaître graduellement votre anxiété.

L'EXPOSITION GRADUÉE ET PROLONGÉE

Pour que vos réactions de peur diminuent, vous n'avez d'autre choix que de vous exposer aux situations redoutées. Pourquoi est-ce si important? Comparons votre système nerveux à un système d'alarme. Qu'arrive-t-il lorsque le réglage d'une alarme se révèle trop sensible? Elle se déclenche trop facilement pour des motifs dont elle n'aurait pas dû tenir compte. La solution consiste alors à ajuster son réglage afin qu'elle cesse de considérer ces signaux inoffensifs comme une menace.

Comme agoraphobe, votre système nerveux se trouve déréglé de la même façon. Il sonne l'alarme dans des situations tout à fait sécuritaires pour vous. Il faut donc abaisser le niveau de sensibilité de votre système nerveux afin qu'il cesse de réagir dans des situations inappropriées. On ne peut cependant simplement ajuster un circuit ou presser un bouton pour obtenir ce résultat. Le moyen privilégié réside dans l'exposition graduée et prolongée aux situations faussement interprétées comme menaçantes. Cela consiste à commencer par affronter une situation qui suscite une réaction très légère de votre système nerveux. Vous pouvez ainsi apprendre à supporter l'anxiété sans paniquer car elle crée des sensations de faible intensité. Vous devez alors rester dans la situation

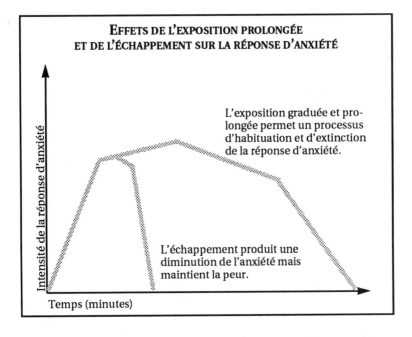

EFFETS DE L'EXPOSITION PROLONGÉE ET DE L'ÉCHAPPEMENT SUR LA RÉPONSE D'ANXIÉTÉ

L'exposition graduée et prolongée permet un processus d'habituation et d'extinction de la réponse d'anxiété.

L'échappement produit une diminution de l'anxiété mais maintient la peur.

Intensité de la réponse d'anxiété

Temps (minutes)

jusqu'à ce que l'anxiété ait disparu ou ait diminué assez pour que vous n'ayez plus peur de vos sensations. Vous répéterez alors la même situation jusqu'à ce que l'alarme ne se déclenche plus. Puis, vous passez à une situation légèrement plus difficile.

On dit de cette exposition qu'elle est *graduée* car vous devez commencer par les situations les plus faciles en augmentant la difficulté à mesure que votre confiance augmente et que vos malaises s'atténuent. On la qualifie de *prolongée* car vous devez rester dans la situation assez longtemps pour que l'anxiété diminue. Cette façon de faire constitue la clé de réglage de votre système nerveux. En procédant ainsi, vous le réhabituez à ces situations afin qu'il cesse de les interpréter comme une menace. Vous lui apprenez à ne plus sonner l'alarme inutilement.

Le graphique ci-dessus illustre les effets différents produits par l'exposition prolongée et l'échappement sur l'anxiété. Voyez que si vous restez dans la situation, sans nourrir de pensées catastrophiques, votre anxiété diminuera dans la situation.

◆ *Exercice 14:*
Étapes à suivre
a) Ajuster la liste confectionnée à l'exercice 9
À l'exercice 9, vous avez préparé une liste des situations que vous aimeriez pouvoir affronter à nouveau. Prenez le temps de la réviser à la lumière de ce que vous savez maintenant. Les premières situations sont-elles assez faciles? Les avez-vous assez précisées? Avez-vous prévu assez d'étapes intermédiaires? Sachant que vous devrez vous exposer à ces situations de façon imminente, est-ce que leur difficulté relative change? Devez-vous les réordonner? Prenez donc le temps de mettre cette liste au point.

b) Choisir une situation à pratiquer quotidiennement
Parmi les items les plus faciles de la liste, commencez par ceux que vous pouvez pratiquer quotidiennement puisque vous aurez ainsi les résultats les plus rapides. Plus vous vous exposerez souvent à une situation, plus l'anxiété qui y est associée s'atténuera rapidement.

c) Considérer la durée de la situation
Considérez également la durée possible de l'exposition. Vous devez choisir une situation qui peut durer de 20 à 30 minutes préférablement à une situation qui dure 3 minutes. Vous devez être dans la situation assez longtemps pour que l'anxiété ait le temps de diminuer. Rappelez-vous qu'il faut permettre à l'organisme de se réhabituer à la situation pour qu'il cesse de la considérer comme dangereuse.

d) Faire un horaire de pratique (voir page 94)
N'oubliez pas que vous avez tendance à éviter et que cette tentation ne disparaît pas soudainement. En vous faisant un horaire où vous planifiez vos pratiques, vous serez moins tenté de trouver des excuses pour vous défiler et pour continuer à éviter la situation choisie. Utilisez la grille d'observation suivante pour noter vos exercices.

e) S'exposer à une situation

Vous devriez maintenant être prêt à vous exposer à la première situation choisie. Rassurez-vous, si vous avez préparé votre liste avec soin, vous aurez peut-être beaucoup moins de difficultés que vous ne le croyez. N'oubliez pas que vous avez tendance à amplifier les difficultés par vos anticipations négatives! La situation devrait vous faire vivre un malaise léger et vous devez y rester jusqu'à ce que l'anxiété diminue, soit probablement de 20 à 30 minutes.

Supposons que vous avez choisi l'exercice suivant: marcher seul vers le supermarché. Commencez l'exercice en marchant vers le supermarché chaque jour. Peu importe que vous vous rendiez ou non au supermarché la première fois. L'important est de marcher vers le supermarché jusqu'à ce que vous ressentiez un inconfort tolérable qui vous permet de rester dans la situation jusqu'à ce que vous vous sentiez un peu plus à l'aise. Notez la distance que vous avez parcourue chaque fois. L'important est d'acquérir l'habitude d'une pratique quotidienne, d'en faire un peu plus chaque fois.

f) Accepter les sensations déplaisantes

Ce point s'avère essentiel. Vous devez accepter de vivre temporairement un inconfort de léger à modéré jusqu'à ce qu'il s'estompe et que la situation ne crée plus de réactions déplaisantes. Il n'existe pas d'autre façon de désamorcer la fausse alarme qui sonne en vous.

g) Répéter le même exercice

Même si vous avez réussi une situation une fois, ne passez pas tout de suite à la suivante. Reprenez-la quelques fois. Vous devez vous attendre à avoir des hauts et des bas, dépendamment de la façon dont vous vous sentez. Vous allez constater des variations de difficulté selon les jours et vos humeurs. Avec un peu de pratique, vous serez généralement plus à l'aise, cela vous demandera moins d'effort pour y faire face, vous pourrez donc en faire un peu plus. Observez et notez avec soin la distance parcourue et la durée de l'exercice afin de constater clairement les signes d'amélioration. Répétez la même situation jusqu'à ce que vous soyez relativement à l'aise ou que vous maîtrisiez la situation à 75 %. Vous reprendrez alors les mêmes étapes avec une deuxième situation.

h) Si c'est trop difficile

Que ce soit au premier exercice ou plus tard, s'il y a des problèmes dans votre progression, essayez d'en trouver la raison. Il peut arriver que l'exercice choisi soit trop difficile. L'anxiété vécue devient alors trop élevée pour que vous vous y habituiez en cessant d'avoir peur.

Si c'est le cas, vous devez trouver des étapes intermédiaires. Supposons que vous avez réussi l'item «Marcher seul jusqu'au supermarché» et que vous ne pouvez réussir le suivant «Aller seul en autobus jusqu'à l'école». Votre travail consiste à inventer des exercices intermédiaires. Il n'y a pas nécessairement de lien entre les étapes sinon le degré de difficulté.

Dans la vie courante, ces exercices intermédiaires n'apparaissent pas nécessaires en soi. Par exemple, il ne rime à rien de prendre l'autobus pour en descendre au prochain arrêt. Par contre, dans ce cas-ci, cela permet d'augmenter votre confiance personnelle et de poursuivre en vue d'atteindre l'objectif final.

Le choix des exercices intermédiaires apparaît donc central dans la réussite de cette méthode de traitement. Si vos difficultés persistent avec les exercices intermédiaires, pensez à de nouvelles étapes. Lorsqu'un exercice a été complété avec succès et ce à quelques reprises, on peut passer à l'étape suivante.

ESPRIT À ADOPTER

À l'exercice 9, vous avez vu quelles étapes suivre afin de briser le cercle vicieux de l'évitement sans vivre de trop grande terreur. Il vous faut également adopter certaines attitudes ou habitudes afin d'augmenter vos chances de succès. Elles vous aideront à persévérer et à réagir correctement aux événements que vous allez vivre pendant cette démarche.

La première règle consiste à vous imposer une discipline quotidienne. La clé de votre réussite réside dans votre persévérance. Au fil des ans ou des mois, vous avez accumulé de nombreuses expériences négatives où l'anxiété vous a amené à fuir une situation. Il faut maintenant accumuler des expériences positives pour consolider votre capacité de demeurer dans les situations qui vous effraient et constater qu'aucune catastrophe ne survient. Dès aujourd'hui, réservez-vous une heure tous les jours pour pratiquer vos exercices d'exposition. Il peut arriver que ceux-ci ne nécessitent qu'une demi-heure, mais il s'avère préférable de disposer de plus de temps. Vous aurez ainsi le loisir d'aller un peu plus loin si vous vous sentez en forme ou de relaxer si vous jugez en avoir fait suffisamment.

La seconde règle consiste à procéder de façon graduelle. Le TPA a pris de plus en plus de place dans votre vie. Il vous faudra un certain temps avant que vous n'arriviez à le surmonter complètement.

Si vous procédez graduellement en respectant chacun des conseils offerts ici, il semble probable qu'en l'espace de 3 mois vous ayez atteint plus de 50 % de vos objectifs et qu'en l'espace de 1 an, vous soyez libre de vos peurs.

Cela peut paraître long. Il vous faut cependant prendre garde à la tentation de brûler les étapes et d'affronter trop vite des situations pour lesquelles vous n'êtes pas encore préparé. Cela ne servirait qu'à vous échauder et à augmenter votre peur et votre découragement. Il faut y aller tout doucement pour ne pas régresser.

La troisième règle nous apparaît tout aussi capitale. Elle réside dans l'adoption d'une attitude souple que vous devrez montrer vis-à-vis de vous-même. Il se peut qu'à un moment ou l'autre, vous ne parveniez pas à franchir une étape. Dans ce cas, vous aurez sans doute sous-estimé sa difficulté. Il ne s'agit pas de reculer au premier problème rencontré mais si, après deux ou trois essais, vous ne parvenez pas à surmonter votre anxiété, il est préférable de trouver une autre situation présentant un degré moindre de difficulté et de revenir plus tard à celle qui vous pose un problème.

De même, vous aurez sûrement des journées moins bonnes que d'autres. Cela peut dépendre de plusieurs facteurs tels que la fatigue, les préoccupations au travail ou à la maison. Si vous vous levez du mauvais pied un matin et que vous aviez prévu faire un exercice qui vous paraît maintenant trop difficile, ne vous acharnez pas, vous pourrez sûrement trouver un autre exercice plus adapté à votre condition physique ou morale. Mais attention, cette souplesse ne doit jamais vous permettre de trouver des excuses pour éviter d'affronter les situations et elle doit s'appliquer dans les deux sens, en vous permettant d'en faire un peu plus les journées où vous vous sentez particulièrement en forme.

La quatrième règle à suivre et certainement la plus importante consiste à <u>ne pas rebrousser chemin au moindre signe d'anxiété</u>. L'échappement et l'évitement constituent vos plus grands ennemis et vous serez sans doute tenté de leur céder à certaines occasions mais vous devez leur résister.

Si, au cours d'un exercice, vous commencez à ressentir les manifestations physiques de l'anxiété, prenez le temps d'analyser celles-ci. Il se peut que certains facteurs justifient cette hausse d'anxiété, tels la fatigue, la faim, la température ou l'éclairage ambiant. Il se peut également que vous commenciez à avoir peur parce que vous anticipez cette situation depuis longtemps.

Après avoir analysé vos réactions, essayez de vous rassurer et changez-vous les idées par la suite, afin de ne pas amplifier vos réactions. Profitez de cette occasion pour regarder votre environnement ou remarquer la tenue vestimentaire des gens. Lorsque vous serez à nouveau calme, vous pourrez poursuivre l'exercice ou retourner chez vous. Mais rappelez-vous, s'il n'est pas nécessaire de vous pousser au bout de vos limites, <u>il ne faut jamais quitter une situation lorsque la peur motive votre décision</u>. Si vous vous échappez de la situation, vous risquez de maintenir ou d'augmenter votre anxiété et votre peur. Si vous persistez dans la situation, votre anxiété diminuera et contribuera à défaire votre phobie. Revoyez la courbe de la page 87 qui illustre ce principe.

Une dernière règle à suivre consiste à vous encourager vous-même. Notez tous les exercices que vous faites et essayez de vous centrer sur les progrès accomplis plutôt que sur les difficultés rencontrées. Nous vous proposons d'utiliser la grille d'autoobservation des situations d'exposition pour noter tous vos exercices. Ce qui importe dans la réussite, ce n'est pas le fait d'avoir ressenti ou non de l'anxiété mais bien le fait d'avoir persévéré indépendamment des circonstances, en constatant qu'aucun malheur ne s'est produit et que les malaises se sont même atténués.

Il existe plusieurs façons de vous encourager. Ainsi, vous pouvez rendre les exercices attrayants si vous leur donnez un but. La promenade à pied vous motivera plus si vous en profitez pour rendre visite à un ami et le centre commercial sera plus attirant si vous projetez de vous y gâter. N'hésitez pas à récompenser vos efforts et à vous féliciter.

Résumé

Dans ce chapitre, nous avons démystifié les conséquences irréalistes que l'on attribue généralement aux sensations de panique. Rappelez-vous, la panique constitue un événement très désagréable, mais rien de plus que cette impression de panique ne se produira. Nous avons également présenté les stratégies d'exposition graduée aux situations devenues phobiques. L'important réside dans la pratique fréquente afin de défaire les habitudes d'évitement que vous avez acquises avec le temps. En cessant d'éviter, vous constaterez qu'aucun des malheurs prévus ne survient et que vos malaises disparaissent tranquillement.

Date	Décrire la situation	Étiez-vous 1. seul 2. accom- pagné *(par qui?)*	Avez-vous 1. fait face à 2. évité 2. quitté la situa- tion?	Combien de temps êtes-vous demeuré dans la situation?

Niveau d'anxiété
(0-10)
 	
a. avant
 	
b. pendant
 	
b. après
   la situation?
	À quoi pensiez-vous
	
	a. avant
	
	b. pendant
	
	c. après
	   la situation?

a- ———— b- ———— c- ————	a- ———————————— b- ———————————— c- ————————————
a- ———— b- ———— c- ————	a- ———————————— b- ———————————— c- ————————————
a- ———— b- ———— c- ————	a- ———————————— b- ———————————— c- ————————————
a- ———— b- ———— c- ————	a- ———————————— b- ———————————— c- ————————————
a- ———— b- ———— c- ————	a- ———————————— b- ———————————— c- ————————————

* Si vous avez fait face à la situation avec l'aide d'un objet sécurisant, veuillez indiquer de quel objet il s'agit.

Chapitre cinq

Le traitement:
pensées, sensations et médication

Vous savez maintenant que la panique ne comporte aucun danger bien qu'elle constitue un événement hautement désagréable. Vous savez comment procéder pour remplacer vos comportements d'évitement par des comportements d'approche des situations phobiques. Le traitement demeure cependant incomplet et vos résultats demeureront partiels si vous ne travaillez pas également à changer votre dialogue intérieur, vos idées, vos perceptions, vos anticipations. Nous allons donc aborder les différentes techniques qui s'offrent à vous pour parvenir à vous parler autrement.

Par la suite, nous vous présenterons également des stratégies visant à diminuer vos sensations physiques ou à cesser d'en avoir peur. Vous verrez alors comment vous pouvez devenir moins vulnérable aux attaques de panique. Nous terminerons en discutant des traitements pharmacologiques qui s'offrent à vous.

SE PARLER AUTREMENT

Entre les attaques de panique, l'agoraphobe passe généralement beaucoup de temps à anticiper une prochaine panique. En agissant ainsi, il augmente la probabilité de refaire une panique en accentuant sa tension générale. Pour diminuer les paniques, il faut donc s'attaquer à l'anticipation.

Comme vous savez maintenant que la panique ne vous fait courir aucun danger et qu'il s'avère essentiel de ne plus éviter les situations où vous avez peur de paniquer, vous voilà prêt à aborder cet aspect du traitement qui consiste à changer votre dialogue intérieur.

Vous devez apprendre à gérer vos pensées. En effet, nous pensons continuellement. Certaines de nos façons de penser nous rendent plus confiant et nous aident à mieux profiter de la vie. L'agoraphobe a cependant un discours intérieur qui entretient son problème et affecte ainsi beaucoup sa qualité de vie. Nous verrons ici quels moyens sont disponibles pour remplacer le disque éraillé des pensées agoraphobes par un discours intérieur plus réaliste, centré sur la confiance en soi plutôt que sur la dévalorisation personnelle.

L'AUTODISTRACTION

L'autodistraction constitue une stratégie de contrôle indirect de ses pensées. Il s'agit de la stratégie que les gens ont souvent le plus de facilité à appliquer au début de leur traitement. Cette technique apparaît très efficace pour aider les agoraphobes à rester dans la situation de peur plutôt que d'y échapper.

L'autodistraction vise à interrompre les pensées négatives et irréalistes que nous entretenons avant et surtout pendant l'exposition à une situation problématique. Elle permet de se centrer sur la réalité environnante et de diminuer l'hyper-vigilance et le processus d'anticipation négative. Conséquemment, elle nous permet de diminuer ou de faire disparaître nos émotions et nos sensations et de nous comporter plus adéquatement face à une situation en réorientant notre attention plutôt qu'en fuyant.

Il s'agit simplement de porter notre attention sur l'environnement immédiat ou d'imaginer des éléments agréables qui ne génèrent pas de peur. Il devient ainsi possible de faire face plus facilement à une situation.

Les exemples qui suivent constituent des stratégies d'autodistraction qui peuvent être mises facilement en pratique:

1) porter son attention sur l'environnement entourant la situation problématique: les vitrines d'un centre commercial, les gens, la nature;

2) écouter attentivement les bruits et les voix autour de soi: écouter la radio, les bruits aux alentours, le rythme de la caisse enregistreuse, les conversations éparses;

3) toucher aux objets qui vous entourent: fruits, légumes, texture des vêtements, les comptoirs;

4) goûter ou sentir les choses qui vous entourent: les friandises, le parfum;

5) s'engager dans un acte répétitif ou purement mécanique: siffler, calculer, taper du pied, rouler et dérouler un papier, réciter des phrases;

6) interagir avec les autres personnes près de vous: parler au vendeur, à des amis, à des étrangers;

7) écrire durant les situations problématiques (vous pouvez traîner avec vous un petit cahier);

8) se concentrer sur la tâche ou l'activité en cours plutôt que sur ce que vous ressentez: se concentrer sur la conduite de la voiture et non sur les sensations corporelles éprouvées.

◆ *Exercice 15:*

Parmi la liste d'exemples présentée ci-haut, identifiez quelles stratégies d'autodistraction vous apparaissent les plus faciles à utiliser. Lorsque vous commencez à vous exposer aux situations phobiques (voir exercice 14), vous pouvez dès le début utiliser l'autodistraction pour vous aider à demeurer dans une situation jusqu'à ce que l'anxiété diminue.

Toutes ces façons de réorienter votre attention vers certaines composantes de la réalité vous aident à rester dans la situation plutôt qu'à fuir. L'autodistraction ne doit cependant pas constituer votre seule technique de contrôle des pensées. Cette technique ne vous apprend pas à faire face aux sensations désagréables et à confronter directement vos pensées irrationnelles. Elle ne vous apprend pas non plus à utiliser des comportements d'approche de la situation. Il s'avère donc essentiel d'apprendre à maîtriser les autres techniques cognitives pour cesser d'entretenir le TPA. Ces techniques sont la restructuration cognitive et l'auto-instruction.

LA RESTRUCTURATION COGNITIVE

L'autodistraction constitue une bonne aide pour vous décentrer de vos peurs. Cependant, si on veut vraiment défaire la peur, il faut s'attaquer directement aux pensées qui la maintiennent afin de la détruire à la source.

La remise en question de nos façons de penser visant à acquérir un mode de pensée plus réaliste et constructif s'appelle la **restructuration cognitive**. Elle a pour but de défaire les idées irréalistes que vous entretenez et qui maintiennent votre peur. Elle se fait en trois étapes: identifier les pensées qui entretiennent votre peur, évaluer l'effet de ces pensées sur votre état émotionnel, confronter ces pensées. Cette dernière étape se fait en évaluant objectivement la possibilité ou la probabilité que ce qui vous fait peur arrive réellement et si cette probabilité n'apparaît pas comme nulle, évaluer quelle en serait la conséquence réelle.

◆ *Exercice 16*
Identifier les pensées irrationnelles
Examinons chaque étape. Tout d'abord, l'identification des pensées qui vous perturbent. Ces pensées sont devenues tellement automatiques que vous n'en avez plus conscience. Vous devrez donc faire un effort pour les observer attentivement. Quels commentaires vous faites-vous avant d'entrer dans la situation? Quelles remarques augmentent vos malaises? Vous concentrez-vous sur l'attente des sensations physiques que vous redoutez? Êtes-vous en

train de vous dévaloriser? Repassez-vous dans votre tête le vieux film d'une panique précédente? Prenez en note toutes ces pensées et ces images qui déclenchent des malaises.

◆ *Exercice 17:*
Évaluer l'effet de ces pensées

Les pensées ou images que l'on considère irrationnelles produisent la plupart du temps de l'anxiété, de la tristesse ou de la colère. Prenez le temps d'examiner comment vous vous sentez et vous comportez lorsque vous avez ces pensées. Quel genre d'émotions et de sensations elles provoquent chez vous. La restructuration cognitive vous permettra de remplacer ces façons de penser par d'autres qui sont plus constructives.

◆ *Exercice 18:*
Confronter une pensée irrationnelle

Lorsque vous avez identifié une pensée ou une image que vous reconnaissez comme irrationnelle ou négative, la confrontation consiste à s'y attaquer directement pour la remplacer par une pensée plus réaliste et constructive.

Essayez d'abord d'ébranler votre conviction par les questions suivantes:
- **Quelles sont les preuves que cette pensée est justifiée?**
- Le danger que je pressens est-il réel?
- Que dirais-je à un ami qui a peur de cette situation pour le rassurer?
- Me suis-je déjà senti bien dans cette situation?
- Comment pourrais-je voir autrement cette situation à la lumière de mes connaissances actuelles sur le trouble panique avec agoraphobie?

Ces questions peuvent déjà avoir diminué l'intensité de votre croyance en cette pensée irrationnelle et négative. Nous vous suggérons tout de même de procéder à une confrontation systématique de la façon suivante:

1) Évaluez la probabilité réelle que ce qui vous fait peur se produise sur la base de votre expérience passée.

2) Évaluez l'impact réel que cela aurait si cela se produisait malgré tout.

3) Formulez une nouvelle façon de vous parler à vous-même à partir des constatations précédentes.

L'exemple de Julie

Pour bien comprendre, prenons un exemple. Commençons en examinant ce que Julie se dit avant d'aller au restaurant, alors qu'elle n'y est pas allée depuis un an. Tout d'abord, elle affirme qu'elle ne pense à rien de spécial, qu'elle a seulement peur. Pour l'aider à identifier ses pensées, on propose à Julie de fermer les yeux et de s'imaginer qu'elle se prépare à aller au restaurant. Elle se voit dans la situation et identifie alors les pensées suivantes: «Je vais avoir l'air nerveuse, je vais paniquer et je vais perdre connaissance.» Nous avons ainsi complété la première étape en identifiant les pensées qui habitent Julie lorsqu'elle ressent des malaises.

Prenons maintenant l'une de ses pensées et examinons son côté rationnel et son effet sur son état émotionnel. Sa pensée «je vais perdre connaissance» est-elle rationnelle? Lorsque nous demandons à Julie si cela s'est déjà produit, elle nous répond qu'elle est souvent passée très près de perdre conscience.

En insistant, elle reconnaît finalement qu'elle a souvent eu l'impression qu'elle allait perdre connaissance mais que cela ne s'est jamais produit. Nous pouvons dès lors considérer cette pensée négative comme une pensée irrationnelle. Elle a pourtant comme effet de générer beaucoup de peur chez Julie. Cette pensée déclenche chez elle des sensations physiques désagréables et des émotions qu'elle déteste.

Continuons notre procédure de restructuration cognitive en confrontant directement cette pensée. Évaluons la probabilité réelle que cela se produise. Julie n'a jamais perdu connaissance. Quelle est la probabilité réelle que cela survienne maintenant? Nous vous suggérons de relire les explications sur ce sujet fournies au chapitre précédent. Précisément à cause de la panique, il apparaît peu probable que Julie perde conscience. Comme elle garde un doute important, elle maintient tout de même que la probabilité se situe aux environs de 10 %.

L'étape suivante consiste à évaluer l'impact dans le cas où cela se produirait. Ainsi, qu'arriverait-il si Julie perdait vraiment connaissance dans le restaurant? Quelqu'un s'occuperait d'elle tout simplement. Elle reprendrait conscience après un très court laps de temps. Ce ne serait pas agréable, mais est-ce si terrible? Posez d'ailleurs la question à quelqu'un à qui cela est déjà arrivé. Il décrira l'expérience de façon plutôt anodine et n'en garde certes pas une peur semblable à celle de Julie.

Pour compléter la restructuration cognitive, comment Julie pourrait-elle se parler autrement pour se sentir mieux avant d'aller au restaurant? Elle pourrait se dire qu'il y a très peu de chances qu'elle perde conscience et qu'au pire, si cela se produit, la personne qui l'accompagne s'occupera d'elle. De plus, elle fait le choix de faire face à sa peur irrationnelle et de recommencer à sortir au restaurant plutôt que d'être confinée chez elle sans peur mais aussi sans plaisir.

Cette façon de remettre en question notre façon de penser pour démystifier l'importance accordée à nos peurs constitue la restructuration cognitive.

Continuons à examiner les pensées de Julie. Elle appréhende également de paniquer. Cette pensée n'est certes pas positive et a des effets négatifs sur Julie en ne l'aidant pas à sortir de chez elle. À la lumière de ce que vous avez appris précédemment, quelle est la probabilité que cela se produise et quel en serait l'impact?

La probabilité que Julie panique variera en fonction du contrôle de ses pensées. Plus elle se concentrera sur sa terreur en entretenant des pensées irréalistes comme sa peur de perdre connaissance, plus elle augmentera sa probalilité de paniquer. Plus elle emploiera les stratégies que nous avons suggérées pour apprivoiser la panique, moins grand sera son risque de paniquer. Elle a donc intérêt à accepter et à s'exposer à sa nervosité et aux sensations qui y sont liées comme des sensations normales qui ne présentent absolument aucun danger.

Elle doit également accepter la possibilité que son système d'alarme se déclenche inutilement et qu'elle vive des sensations de panique. Elle n'aura alors qu'à attendre quelques minutes et les sensations physiques associées à la panique disparaîtront. L'impact d'une panique consistera à vivre des sensations hautement désagréables pendant quelques minutes. Sans être plaisant, cela ne constitue en rien une catastrophe.

La restructuration cognitive consiste donc à remplacer les convictions qui maintiennent vos peurs et s'avèrent sans fondement par des pensées plus réalistes et constructives. Il ne sert à rien d'avoir peur d'un loup si c'est un chat qui se trouve devant vous. En modifiant des pensées irréalistes, on se rapproche de la réalité et d'une perception sociale appropriée des choses. Alors, rappelez-vous: identifiez ce qui vous fait peur, examinez-en la rationalité et l'effet que cela a sur vous et n'hésitez pas à en discuter avec d'autres ou à vous documenter pour évaluer le réalisme, la probabilité d'occurrence et l'impact réel de ce que vous anticipez.

À partir de ce travail de restructuration cognitive, vous allez pouvoir mieux affronter les situations phobiques en utilisant la troisième technique de contrôle cognitif, les auto-instructions.

LES AUTO-INSTRUCTIONS

En faisant les exercices précédents, vous avez pris de plus en plus conscience de vos pensées et de l'impact qu'elles ont sur vos états émotionnels. Mieux vous les contrôlerez, plus vous aurez d'emprise sur vos sentiments et pourrez ainsi maîtriser votre peur. Vous avez appris à vous en distraire lorsque vous êtes dans la situation et à changer vos croyances en examinant calmement vos pensées pour les remettre en question. Mais il est évident que vous ne parviendrez pas à changer calmement et facilement votre discours intérieur lorsque vous vous trouvez dans le feu de l'action.

Les auto-instructions entrent ici en jeu. On peut essayer de se distraire pendant une situation, mais il faut également pouvoir se parler consciemment. Les auto-instructions consistent à se parler à soi-même de façon objective, positive et adaptée pour réagir à la situation problématique. Les arguments de confrontation utilisés lors de la restructuration cognitive deviennent ainsi des outils précieux pour s'aider à se parler adéquatement dans la situation.

Revenons à l'exemple de Julie. Suite à la restructuration cognitive que nous l'avons aidée à faire, elle pourrait utiliser les auto-instructions suivantes avant sa sortie au restaurant: «Je sais que je serai nerveuse. Certaines personnes le verront peut-être mais ils n'ont pas à me juger pour autant.» Cette façon de se parler aidera Julie à ne pas faire augmenter son anxiété plus qu'il ne faut. Remarquez que les auto-instructions jouent un grand rôle autant avant la situation que dans le feu de l'action.

Une fois au restaurant, Julie pourrait continuer à se parler ainsi: «J'ai des sensations d'anxiété parce que j'évite cet endroit depuis longtemps. Je vais accepter ces sensations normales de tension et essayer de profiter de cette sortie pour prendre un bon repas. Si jamais je ressens des sensations intenses de panique, je vais les accepter et attendre qu'elles passent. Ce sera très désagréable mais je ne cours aucun danger et ne perdrai pas connaissance. En plus, je serai tellement fière de moi d'avoir réussi cet exercice que ça vaut vraiment la peine de faire cet effort.»

En retournant chez elle, Julie peut continuer à utiliser les auto-instructions en se félicitant et en consolidant son travail de restructuration cognitive: «Je suis fière de moi. Je me suis sentie très tendue et je ne sais pas si mon repas était bon ou non, mais j'ai trouvé cela moins difficile que je ne le croyais.»

Plus vous apprendrez à vous parler de cette façon, plus vous vous sentirez confiant face aux prochaines situations que vous choisirez d'affronter et plus vous bâtirez graduellement votre confiance personnelle. Bien sûr, ces changements demandent un effort et de l'entraînement mais, avec la pratique, vous deviendrez habile et constaterez que vous pouvez employer cette façon de vous parler avec beaucoup de bénéfices même dans des contextes qui n'ont aucun lien avec l'agoraphobie.

◆ *Exercice 19*

À partir des exemples précédents, préparez-vous des auto-instructions, des façons de vous parler qui sont réalistes et qui vont vous aider à rester dans les situations auxquelles vous vous exposez. Parlez-vous de façon réaliste et encourageante en vous rappelant par exemple des succès précédents.

ET LA PENSÉE POSITIVE?

Nous croyons très important de faire ici une mise en garde. Les stratégies de contrôle cognitif diffèrent nettement de la pensée positive telle que présentée dans certains ouvrages. La pensée positive comporte souvent une certaine négation de la réalité alors que notre but consiste plutôt à devenir de plus en plus réaliste. Nous prendrons un exemple pour illustrer notre point de vue. Nous le choisissons volontairement un peu caricatural pour bien représenter la différence que nous faisons entre contrôle cognitif et pensée positive.

Imaginons qu'une femme vient de perdre son conjoint, décédé dans un accident. Six mois après son décès, elle se sent toujours désespérée et se dit que sa vie est finie. Elle se trouve ainsi très déprimée. Faire de la pensée positive consisterait à se convaincre qu'il ne faut pas avoir de peine, que son mari est maintenant bien là où il est et que c'est une occasion pour elle de grandir, qu'elle doit donc se dire que la vie est belle et ne pas être triste.

Nous croyons que cette façon de se parler est tout aussi irréaliste que de se persuader que sa vie est finie. La perte d'un être cher constitue un événement triste et il est normal d'en être affecté pendant un certain temps, de pleurer et d'avoir de la peine. Le fait de nier ces émotions ne peut que mener au développement d'autres problèmes émotionnels.

Tout en reconnaissant cette tristesse, il demeure essentiel de ne pas dramatiser la situation de façon irréaliste. Oui, cette épreuve est difficile. Mais la vie ne finit pas là pour autant. Une façon réaliste de se parler consisterait donc à se dire que le deuil constitue une étape normale et éprouvante mais que ce n'est qu'une étape et qu'avec le temps la peine s'atténuera et la vie reprendra son cours.

Ainsi, nous vous proposons de vivre une vie émotionnelle réaliste. Le sentiment de peur devant une menace nous aide à sortir de la situation de danger. Le sentiment de peur devant une situation non dangereuse nous prive de bien des plaisirs.

Ceci complète les stratégies cognitives aptes à vous aider dans le traitement de votre trouble panique avec agoraphobie. Nous allons passer à un autre type de stratégies, celles qui s'adressent directement à vos sensations physiques. La rééducation respiratoire vise à diminuer vos sensations physiques, et l'exposition aux sensations physiques a pour but de défaire votre peur de ces sensations.

DIMINUER ET APPRIVOISER
LES SENSATIONS PHYSIQUES

Nous avons présenté le trouble panique et l'agoraphobie subséquente comme une peur irraisonnée des sensations physiques et des conséquences qu'on y attribue. Face aux réactions physiques, divers types d'intervention peuvent être employés.

La première intervention possible consiste à intervenir sur l'ampleur des sensations physiques par la rééducation respiratoire. Cette technique s'adresse aux gens chez qui on a diagnostiqué, par exemple, un problème d'hyperventilation (respiration inappropriée qui déclenche les sensations redoutées). Les gens ayant ce mode de respiration déclenchent souvent eux-mêmes la panoplie de sensations physiques qui les apeurent. L'apprentissage d'une respiration plus adéquate permet ainsi d'éliminer beaucoup de réactions liées à la panique.

La deuxième stratégie que nous vous proposons a été mise au point de façon plus récente. Elle semble produire des résultats très prometteurs. Cette intervention consiste à provoquer volontairement les sensations physiques propres à la panique afin de défaire la peur associée à ces malaises en constatant chaque fois qu'aucune des conséquences redoutées ne se produit et que les malaises ne sont pas catastrophiques. Les gens défont ainsi leur peur de la panique et, comme nous l'expliquions plus tôt, moins une personne appréhende la panique, moins celle-ci survient fréquemment.

LA RÉÉDUCATION RESPIRATOIRE

Nous allons expliquer ici comment rétablir une respiration normale lorsqu'un déséquilibre s'est installé. Commençons par expliquer en quoi consiste la respiration normale.

La respiration normale

Lors de l'inspiration, les poumons utilisent l'oxygène (O_2) pour purifier et oxygéner le sang qui va ensuite nourrir et oxygéner toutes les cellules. Celles-ci en échange éliminent leurs déchets dans le sang. Parmi ces déchets, se trouve le gaz carbonique (CO_2). L'expiration complète le cycle respiratoire en éliminant le surplus de gaz carbonique. L'oxygène constitue donc le combustible du corps humain. Le gaz carbonique est le déchet résultant de la «combustion». Ces deux facteurs doivent se retrouver dans le sang avec un certain équilibre.

Un corps bien oxygéné éprouve moins de fatigue et est plus alerte. On le considère bien oxygéné lorsqu'il absorbe uniquement la quantité d'oxygène dont il a besoin et élimine bien le gaz carbonique. Une respiration normale se faisant au bon rythme et avec une bonne profondeur réussit à maintenir un équilibre constant entre la présence de ces deux éléments dans le sang. Lorsqu'il se produit un déséquilibre, la respiration se modifie pour rétablir la situation. S'il y a trop d'oxygène en rapport avec le gaz carbonique, la respiration devrait ralentir pour diminuer l'apport d'oxygène et augmenter un peu le gaz carbonique. S'il manque d'oxygène par rapport au gaz carbonique, la respiration doit s'accélérer pour refaire l'équilibre. Au repos, le rythme normal de respiration se situe entre 10 et 14 respirations par minute.

L'hyperventilation

L'hyperventilation se définit par une respiration trop rapide, amenant un apport en oxygène trop grand pour les besoins corporels du moment. De façon naturelle, lorsqu'on fait de l'exercice, la respiration s'accélère pour répondre au plus grand besoin d'oxygène du corps. Inversement, la respiration diminue lorsqu'un individu présente des besoins moins grands comme lors d'une séance de relaxation. L'hyperventilation constitue une modification de la respiration ne correspondant pas aux besoins réels du corps, ce qui induit de nombreuses sensations désagréables.

Ce débalancement de l'équilibre entre les quantités d'oxygène et de gaz carbonique dans le sang déclenche une contraction des vaisseaux sanguins. Ainsi, bien que l'hyperventilation consiste en une augmentation de l'apport d'oxygène dans le sang, l'apport d'oxygène aux cellules diminue. De ce phénomène, résultent deux catégories de symptômes: ceux induits par la légère réduction d'oxygène dans certaines parties du cerveau, comme les étourdissements, le sentiment de manquer d'air, la vision brouillée, l'impression d'irréalité, et ceux causés par la diminution d'oxygène dans certaines parties du corps, comme l'augmentation du rythme cardiaque pour augmenter l'apport de sang, les engourdissements dans les extrémités, la moiteur des mains, la raideur musculaire. **Rappelons que toutes ces sensations s'avèrent totalement inoffensives et que, contrairement à votre impression de manquer d'air, vous en prenez trop.**

L'hyperventilation a également d'autres effets. D'abord, l'hyperventilation constitue un travail physique exigeant qui peut donner chaud et faire transpirer. À cause de cette exigence physique, l'utilisation de cette respiration sur une période prolongée peut provoquer de la fatigue et de l'épuisement. Ensuite, les gens qui hyperventilent souvent ont tendance à respirer à l'aide des muscles de leur poitrine plutôt qu'avec leur diaphragme, qui est le puissant muscle situé juste sous la cage thoracique. La fatigue et la tension induites dans les muscles de la poitrine peuvent alors causer des sensations d'oppression et de douleur dans la cage thoracique. Finalement, les gens ayant l'habitude d'hyperventiler soupirent et bâillent souvent, ce qui a comme effet d'expulser rapidement une grande quantité de gaz carbonique. Soupirs et bâillements font donc partie du problème d'hyperventilation.

L'hyperventilation consiste en une accélération importante de l'amplitude et du rythme respiratoires provoquant un débalancement au niveau de l'échange oxygène/gaz carbonique. L'hyperventilation procure à l'organisme un degré de ventilation supérieur à ce dont il a réellement besoin, de sorte que le corps doit s'adapter à cette entrée d'air trop importante. Alors, il met en branle diverses modifications chimiques qui entraînent des sensations corporelles désagréables. Pour faire disparaître cette panoplie de sensations désagréables, il faut rétablir un rythme respiratoire normal.

La technique de rééducation respiratoire

Nous allons vous présenter ici une procédure de rééducation respiratoire. Elle nécessite que vous pratiquiez au début dans des situations de repos. Avec la pratique, vous arriverez à l'utiliser dans un contexte de stress intense. Mais, encore une fois, il ne faut pas brûler les étapes. Il faut apprendre à marcher avant d'apprendre à courir!

La rééducation consiste à diminuer le rythme et l'amplitude respiratoires et à réapprendre à respirer avec le diaphragme plutôt qu'avec les muscles de la poitrine. Le diaphragme est un muscle très puissant situé juste sous les côtes. Les gens qui hyperventilent l'utilisent peu, aux dépens des muscles de la poitrine, qui eux se fatiguent plus vite. Ces derniers ne devraient travailler que lorsqu'un surplus d'oxygène est exigé comme lors d'un exercice physique. Voici les étapes à suivre pour réapprendre à respirer correctement.

◆ *Exercice 20*

1. Installez-vous confortablement dans un endroit calme. Observez votre respiration sans essayer de la changer. Maintenant, commencez à compter lors de votre inspiration. C'est-à-dire que pendant que l'air entre dans vos poumons, vous comptez «un». Pendant que vous expirez, dites-vous: «Relaxe». Comptez «deux» à l'inspiration suivante et répétez: «Relaxe» à la prochaine expiration. Continuez ainsi jusqu'à 10 et revenez à 1. Vous devriez vous concentrer uniquement sur votre respiration et ces mots. Cela paraît simple mais pour nombre d'entre vous ce sera difficile. Vous augmenterez votre habileté avec la pratique.

Après avoir compté jusqu'à 10 puis à rebours, posez une main sur votre poitrine et l'autre sur votre ventre. Vous constaterez probablement que votre thorax bouge et pas votre ventre. Normalement, ce devrait être l'inverse. Essayez maintenant de respirer par votre diaphragme. Vous contaterez que cela provoque une légère contraction des muscles de l'abdomen. **N'essayez pas de modifier le rythme et la profondeur de votre respiration.** Quand vous serez capable de respirer avec votre diaphragme, travaillez à immobiliser les muscles de votre poitrine. Terminez en comptant à nouveau, en disant: «Relaxe» à chaque expiration. Répétez cet exercice 2 fois par jour pendant 10 minutes pour une semaine.

2. Si vous avez appris à respirer avec votre diaphragme sans utiliser votre poitrine, seul votre ventre devrait bouger lorsque vous faites votre exercice. Auparavant, vous comptiez en suivant votre respiration, il faut maintenant apprendre à diminuer l'ampleur et le rythme de votre respiration en les ajustant au rythme avec lequel vous compterez. C'est-à-dire que vous comptez et ensuite vous expirez. Vous dites le mot

«Relaxe» et après vous expirez. Emmenez votre respiration à un rythme de 10 par minute. Cela laisse environ 3 secondes pour inspirer et 3 pour expirer. Continuez de pratiquer avec une main sur l'estomac et l'autre sur la poitrine afin de vous assurer que vous respirez par le diaphragme. Pratiquez de cette façon pendant une semaine.

3. Maintenant que vous parvenez à respirer à un rythme plus lent et confortable, le moment est venu de pratiquer dans différents environnements. Pratiquez maintenant la même technique de respiration dans la position assise, dans différents contextes, pendant encore une semaine.

4. Lorsque vous aurez effectué l'apprentissage d'une respiration normale dans la vie courante, vous pourrez alors l'utiliser dans les situations de stress. Mais attention! **La rééducation respiratoire ne constitue pas une technique visant à éviter une catastrophe mais bien à modifier la composante physique des états émotionnels d'anxiété et de panique.** Si vous l'utilisez dans un effort désespéré d'éviter une éventuelle catastrophe, vous allez augmenter votre tension et votre anxiété. Continuez donc d'appliquer votre technique de rééducation respiratoire dans les situations d'anxiété, même s'il survient des sensations de tension, jusqu'à ce que cette respiration devienne naturelle et remplace votre ancien réflexe d'hyperventilation.

L'EXPOSITION AUX SENSATIONS PHYSIQUES DE LA PANIQUE

La peur de certaines sensations physiques constitue l'élément central qui déclenche la panique. Il est donc possible de traiter cette panique à l'aide de procédés qui amènent l'agoraphobe à dissocier les sensations corporelles liées à la panique des événements catastrophiques qu'il redoute, et à les réassocier avec des explications moins effrayantes.

Une façon d'accomplir cette dissociation consiste à **exposer l'individu aux symptômes de la panique jusqu'à la diminution des symptômes, à l'aide d'une exposition ré-**

pétée et contrôlée aux symptômes physiologiques de l'anxiété et de la panique. La présente technique vise donc à évaluer puis à diminuer votre sensibilité à certaines sensations physiques similaires à celles que vous ressentez lors d'attaques de panique. Nous présentons cette technique d'intervention en dernier lieu car cet exercice peut être difficile pour certaines personnes. **Il s'avère essentiel, pour le mettre en application, de maîtriser les techniques précédentes et d'avoir appris à démystifier et à faire face à la panique, d'avoir appris à affronter plutôt que d'éviter, à mieux contrôler son discours intérieur, à se parler autrement, finalement à diminuer et à apprivoiser ses sensations physiques.** De plus, elle ne s'applique pas nécessairement aux individus qui n'ont jamais ressenti ou ne ressentent pas de symptômes d'attaque de panique.

L'IMPORTANCE DE S'EXPOSER
AUX SENSATIONS PHYSIQUES DE LA PANIQUE

Les sensations les plus terrifiantes et désagréables reliées à l'anxiété et à la panique varient en fonction de chaque individu. Nous allons présenter des exercices permettant d'éprouver des réactions physiques similaires à celles ressenties durant les moments d'anxiété ou de panique. Ces exercices déclenchent différentes sensations semblables à celles induites par l'anxiété ou la panique. Il s'agira de déterminer quels sont les exercices pertinents pour vous et lesquels devraient faire partie de vos pratiques quotidiennes afin de vous permettre de vous exposer aux sensations de panique. Il s'agira de sélectionner par ordre croissant les exercices qui déclenchent les sensations identiques à celles que vous éprouvez lors de moments difficiles. L'objectif principal de ces exercices et de ces pratiques quotidiennes consiste à diminuer et à éliminer votre peur des sensations physiques perçues comme menaçantes, désagréables, catastrophiques. N'oubliez pas que, pour atténuer et éliminer une peur, il s'avère nécessaire de s'exposer régulièrement à l'objet ou à la situation de cette peur. La même règle tient tout autant pour les sensations physiques que pour les endroits redoutés. Il faut s'exposer régulièrement, de manière adéquate, aux sensations physiques désagréables afin d'éliminer définitivement la peur phobique.

De plus, l'exposition répétée aux sensations physiques de la panique vous permettra de pratiquer les stratégies d'intervention apprises auparavant, telles la rééducation respiratoire et les stratégies de contrôle des pensées. Surtout, n'oubliez pas: plus vous pratiquez une stratégie, plus vous devenez habile et plus elle devient efficace et facile d'application.

Les exercices que nous allons vous proposer devront être pratiqués tout d'abord dans un contexte calme, par la suite à l'intérieur de vos activités quotidiennes, pour finalement être mises en pratique dans des situations génératrices d'anxiété.

Nous vous exposons brièvement le contenu de cette section ainsi que les différentes étapes à suivre qui vont vous permettre graduellement de vous exposer aux sensations physiques de la panique et de ne plus ressentir de malaises désagréables lors de situations particulières:

1) Identification des exercices pertinents: Vous allez identifier quels exercices déclenchent des sensations semblables aux attaques de panique.

2) Exercices d'exposition aux sensations: Après avoir identifié les exercices qui provoquent les sensations similaires à la panique, vous allez vous exposer en pratiquant régulièrement ces exercices.

3) Exposition dans le milieu naturel: Vous allez poursuivre l'exposition dans certaines de vos activités quotidiennes.

4) Exposition dans les situations problématiques: Vous allez vous exposer aux situations de peur en déclenchant les sensations redoutées.

IDENTIFICATION DES EXERCICES PERTINENTS

Le premier objectif consiste à identifier, préciser et coter les sensations ressenties lorsque vous allez mettre en pratique chacun des exercices que nous allons vous proposer. Après avoir identifié les sensations ressenties, prenez le temps d'évaluer:

a) l'intensité des sensations ressenties sur une échelle de 1 à 8, 1 étant très faible, 8 étant le maximum perçu;

b) l'intensité de la peur que vous avez perçue face aux sensations ressenties, toujours avec la même échelle; de 1 à 8, 1 étant une crainte très faible, 8 étant la peur maximale;

c) le degré de similitude entre les sensations déclenchées par chaque exercice et celles ressenties lors d'un épisode d'anxiété ou de panique. Vous vous servez encore ici du même type d'échelle; de 1 à 8, 1 étant un degré de similitude très faible et 8 un degré de similitude très proche sinon le même.

Nous vous suggérons fortement **d'être accompagné de quelqu'un lorsque vous ferez ces exercices pour la première fois.** Ce sera de préférence votre psychologue si vous consultez ou une personne de confiance qui peut vous rassurer. Voici donc la liste des différents exercices que vous devez exécuter:

1) Secouez votre tête de chaque côté (gauche à droite) pendant <u>30 secondes.</u>

2) Placez votre tête entre vos genoux pendant <u>30 secondes</u> et relevez-vous rapidement.

3) Repérez un escalier, montez et descendez de manière répétitive une des marches pendant <u>1 minute,</u> assez rapidement pour que votre rythme cardiaque accélère et que votre cœur se mette à battre rapidement. Vous pouvez également faire cet exercice à l'aide d'une boîte ou d'un tabouret. Vous n'avez qu'à monter et à redescendre le tabouret à plusieurs reprises jusqu'à ce que votre cœur se mette à battre à un rythme accéléré pendant une bonne minute.

4) Retenez votre respiration pendant <u>30 secondes.</u>

5) Contractez tout votre corps pendant <u>1 minute.</u> Vous devez contracter les différents muscles de votre corps

sans vous occasionner des douleurs aiguës. Vous pouvez par exemple tendre vos bras, vos jambes, votre abdomen, les muscles de votre dos, de vos épaules, de votre visage. Vous pouvez également vous maintenir en position de traction au sol pendant 1 minute ou aussi longtemps que vous en êtes capable.

6) Si vous avez une chaise sur roulettes, tournez sur place pendant une <u>minute</u> et arrêtez. Ce sera encore mieux si quelqu'un d'autre vous fait tourner. Si vous n'avez pas de chaise, tenez-vous debout et tournez sur vous-même jusqu'à ce que vous deveniez étourdi. Restez près d'un fauteuil confortable, d'un divan où vous pourrez vous asseoir, vous laisser tomber, au bout de <u>1 minute</u>.

7) Asseyez-vous et hyperventilez pendant <u>1 minute</u>. Respirez vite, profondément et avec puissance. Il est préférable de faire cet exercice assis.

8) Respirez à l'aide d'une paille étroite pendant <u>1 minute</u>. Pincez vos narines afin de vous assurer que vous ne respirez pas du tout par le nez.

Vous pouvez inclure d'autres types d'exercices que vous jugez pertinents et qui correspondent mieux à votre façon de réagir, de ressentir des sensations désagréables. Par exemple, si vous êtes affecté par des problèmes visuels (vision embrouillée, impression de ne plus voir), pratiquez-vous à fixer le même endroit pendant <u>2 minutes</u> ou pratiquez-vous à regarder une lumière pendant 30 secondes puis par la suite fixez un mur blanc afin de percevoir l'image résiduelle ou rétinienne (image imprégnée). Si vous êtes particulièrement préoccupé par les sensations désagréables ou perçues comme catastrophiques au niveau de votre gorge (boule dans la gorge), pratiquez-vous à exercer une pression sur les côtés de votre gorge à l'aide de vos mains ou à effectuer une pression au fond de votre gorge à l'aide de la partie profonde de votre langue. Un autre exercice consiste à s'asseoir dans une pièce encombrée où tout est tassé, ou bien à l'étroit dans une voiture (dans les deux cas, la température doit excéder la normale pour que vous ayez l'impression d'étouffer) et de rester sur place pendant 5 minutes. Après avoir effectué ces différents exercices, vous devriez être en mesure de mieux connaître les sensations qui vous effraient, vous dérangent le plus, les sensations qui ressemblent à celles que vous éprouvez lors d'attaques de panique. Vous pouvez faire preuve de créativité et inventer de nouvelles façons de produire ces sensations. Il est essentiel que vous soyez capable non seulement de ressentir ces sensations problématiques pour vous, mais également de les **provoquer.**

À titre d'exemple, nous reproduisons ici les résultats qu'a obtenus Julie lorsqu'elle a accompli chacun des exercices mentionnés auparavant. Julie a pratiqué chacun des exercices et a noté l'intensité des sensations sur une échelle de 1 à 8, 1 étant très faible, 8 étant le maximum perçu. Elle a noté ensuite l'intensité de peur qu'elle a éprouvée face à ces sensations, toujours avec le même type d'échelle. Finalement, elle a noté le degré de similitude entre les sensations déclenchées dans chacun des exercices et celles ressenties lors d'un épisode d'anxiété ou de panique. Voici ses observations:

1. Secouer la tête
«Oh! cela me fait sentir étourdie et désorientée. Ma vue devient embrouillée mais, après avoir mis fin à l'exercice, mes yeux ont commencé à refaire le focus.»
Pour Julie, cet exercice n'a pas produit beaucoup de peur (**2**), les sensations n'ont pas été cotées comme étant très similaires à ses sensations de panique ou son anxiété naturelle (**2**). Néanmoins, elle a coté les sensations à la fin de la procédure comme étant très intenses (**6**).

2. Redressement de la tête
«Je me sens un peu étourdie. Ce n'était pas si pire.»
Elle n'a rapporté aucune peur (**1**), pas tellement de similitude (**2**), et a coté l'intensité des sensations comme étant très légère (**3**).

3. Monter et descendre

«Je sens que je dois arrêter, mon cœur bat vite, je me sens trempée et sans le souffle. Habituellement, j'essaie d'éviter tout exercice ou ce genre de sensations.»

Julie a coté cette procédure comme produisant des sensations très intenses (7), très similaires avec celles qu'elle ressent lors d'attaques de panique (6), et, initialement, elle s'est sentie terrifiée (5).

4. Respiration retenue

«Rien, juste une petite pression dans la poitrine.»

Les cotations de Julie étaient toutes légères, elle n'a pas jugé utile de les inscrire.

5. Tension corporelle extrême

«Je sens que je tremble, je me sens faible aussi.»

Tandis que les sensations étaient très intenses pour Julie (5), elle n'en avait pas peur (1) et a coté la similitude avec les sensations d'anxiété et de panique comme étant très faible (1).

6. Tournoiement

Julie a mis fin à cet exercice après 30 secondes au lieu de 1 minute.

«Je me sens vraiment étourdie. La pièce tourne, je tourne. Mon cœur débat et je me sens trempée. Ça se calme maintenant que j'ai arrêté.»

Ces sensations étaient très intenses (7), similaires à celles ressenties quand elle panique (5) et terrifiantes (4).

7. Hyperventilation

Julie a arrêté après 45 secondes.

«J'ai chaud et je transpire, j'ai des picotements au visage, je me sens étourdie et j'ai l'impression qu'il faut que je prenne une grande respiration.»

Encore ici, cette procédure a produit des sensations que Julie a cotées très intenses (7), similaires à ses paniques (5) et catastrophiques (6).

8. Respiration restreinte

Julie a arrêté après 30 secondes.

«Je sens que je ne peux continuer, il faut que je prenne une grande respiration.»

Julie a coté les symptômes comme étant intenses (6), assez similaires à ses symptômes de panique (4) et terrifiants (6).

Vous pouvez constater que Julie a exécuté avec une certaine facilité les exercices suggérés. De plus, elle peut trouver un exercice intense sans le considérer comme terrifiant.

◆ *Exercice 21:*

Essayez à tour de rôle chacun des exercices puis observez votre réaction, notez vos commentaires, votre discours intérieur, puis notez le degré d'intensité des sensations, la peur qu'elles suscitent et le degré de similitude avec les sensations éprouvées lors d'attaques de panique. Vous pouvez inscrire vos observations dans votre journal de bord. Marquez d'une étoile ou d'un astérisque les exercices ayant produit des symptômes évalués à un degré de 3 et plus sur l'échelle de similitude de (0 à 8 points). Par la suite, placez les exercices marqués d'une étoile en ordre croissant, c'est-à-dire du niveau suscitant le moins de sensation de peur et d'anxiété à celui en produisant le plus.

PRATIQUE DES EXERCICES D'EXPOSITION
AUX SENSATIONS DE LA PANIQUE

Les exercices pratiques vont débuter avec celui qui suscite le moins de peur et d'anxiété (mais qui ressemble aux symptômes que vous ressentez lors d'une réaction d'anxiété ou de panique: cote de 3 et plus). Ainsi, Julie a placé ses exercices dans l'ordre suivant: 1-tournoiement; 2- monter et descendre; 3- hyperventilation; et 4- respiration restreinte. Il serait utile que vous ayez un chronomètre ou une montre près de vous pendant que vous faites les exercices afin de minuter le temps requis pour chaque exercice. Lorsque vous allez mettre en pratique les exercices que vous avez retenus comme étant les plus significatifs, vous devrez utiliser la procédure suivante: souvenez-vous qu'il est important de pratiquer chaque exercice de façon répétée parce que c'est le seul moyen de faire diminuer la peur. Dès le moment où vous remarquez des sensations provoquées par l'exercice, il est essentiel de poursuivre l'exercice pendant au moins 30 secondes additionnelles (10 secondes lorsqu'il s'agit de retenir sa respiration et de secouer la tête). À la fin de cette période, arrêtez l'exercice et cotez l'intensité de votre anxiété ou de votre peur sur l'échelle de 0 à 8 points en utilisant la grille d'observation des réactions lors des exercices d'exposition aux sensations physiques de la panique présentée au tableau ci-dessous. Faites plusieurs copies de cette grille, puisque vous allez l'utiliser à maintes reprises. Insérez-les dans votre journal de bord.

Après avoir noté vos observations et après chacun de vos exercices, vous pouvez appliquer les techniques apprises auparavant afin de mieux contrôler, modifier vos

---

GRILLE D'OBSERVATION DES RÉACTIONS LORS DES EXERCICES D'EXPOSITION AUX SENSATIONS PHYSIQUES DE LA PANIQUE

Jour	Exercice	Nombre d'essais	Anxiété/peur 0-8

symptômes physiques et psychologiques provoqués par les exercices (rééducation respiration, restructuration cognitive, auto-instruction, autodistraction). **C'est maintenant que vous pouvez pratiquer vos stratégies et non avant les exercices.** Soyez particulièrement conscient des pensées qui provoquent votre anxiété, telles que: «Il faut que j'arrête, je ne peux tolérer ces sensations.» En effet, ces types de verbalisations internes sont des prédictions que vous faites et qui sont basées uniquement sur la peur, l'anticipation. En réalité, vous pouvez en toute sécurité tolérer et poursuivre les exercices.

Ne tentez pas d'appliquer les stratégies comportementales ou cognitives avant l'exercice. Il est important que vous ressentiez pleinement les sensations, pour ensuite permettre à l'anxiété de diminuer *via* des expositions contrôlées et répétées. Même si on vous a enseigné à mettre en pratique les stratégies de gestion de la panique dès que vous remarquez des symptômes physiques ou de l'anxiété dans votre vie quotidienne, il est maintenant temps de ressentir ces symptômes pleinement, de les apprivoiser, de les démystifier et, par la suite, d'appliquer les habiletés de gestion de l'anxiété, de la panique.

Il est important que vous essayiez de provoquer les sensations aussi fortement que possible. N'évitez pas les sensations en exécutant les exercices trop doucement. Ne soyez pas trop prudent. Il est essentiel de ressentir les sensations intensément, fortement. Par exemple, lors de l'exercice «monter-redescendre», le rythme doit être assez rapide pour ressentir avec précision et réalisme les réactions cardiovasculaires. Pendant l'exercice du tournoiement, le mouvement de rotation doit être continu pour que la sensation d'étourdissement se produise. Lorsque vous utilisez l'exercice d'hyperventilation, assurez-vous que l'air soit expulsé avec force et que le rythme respiratoire soit rapide. Vous allez atténuer l'efficacité de ce type d'exercice et même le rendre inutile si vous n'essayez pas avec intensité.

◆ *Exercice 22:*

Choisissez les deux premiers exercices de votre liste et pratiquez-les tous les jours. Reprenez le même exercice jusqu'à ce que votre niveau de peur ne soit pas plus élevé que 2 sur votre échelle d'intensité. Passez alors au deuxième exercice choisi. Rappelez-vous d'utiliser les procédures de contrôle seulement <u>après</u> l'exercice. Lorsque les deux premiers exercices ne produisent preque plus d'anxiété (cote de 2 ou moins), continuez-les pendant encore une semaine et commencez de nouveaux exercices. Vous reprendrez alors la même procédure avec les autres exercices dans le cas où plus de 2 exercices ont été marqués d'un astérisque. Continuez jusqu'à ce que l'exposition à tous ces exercices soit complétée.

Si aucun des exercices suggérés ne produit de la peur, malgré la similitude des sensations avec celles que vous ressentez pendant la panique, déterminez laquelle des deux situations suivantes peut expliquer cet état de fait:

1) Vous n'avez pas peur ou n'êtes pas anxieux parce que vous vous sentez en sécurité dans le cadre particulier dans lequel vous exécutez l'exercice. Certains agoraphobes rapportent que s'ils avaient à faire ces exercices lorsqu'ils sont seuls, ils seraient plus craintifs, mais accompagnés, ils se sentent en sécurité parce que quelqu'un est là pour les aider. Remarquez que cette peur est basée sur la croyance, le postulat inexact, qu'ils sont en danger lorsqu'ils sont seuls, alors qu'en fait ces exercices ne sont pas dangereux et surtout ne sont pas plus dangereux lorsque la personne est seule que lorsqu'elle est accompagnée.

2) Les sensations ne sont pas aussi effrayantes parce que vous sentez que vous avez le contrôle sur leur apparition initiale. Quelques-uns de nos clients affirment que parce qu'ils savent exactement d'où les sensations proviennent, ils n'ont pas peur. Remarquez que cette peur est basée sur la croyance, le

postulat erroné, que les paniques naturelles n'ont pas de déclencheurs spécifiques, mais pourtant, vous savez très bien que ce n'est pas le cas.

Si l'une ou l'autre de ces situations se produit lors de l'application des exercices, il serait souhaitable de combiner les exercices avec l'utilisation de votre imagination. Pendant que vous ressentez les sensations, essayez de vous imaginer de façon aussi réelle que possible dans une situation qui vous effraie. Par exemple, imaginez-vous seul à la maison sans personne près de vous qui pourrait vous aider pendant que vous hyperventilez. Si cela ne vous fait pas sentir plus anxieux ou plus craintif, alors il serait judicieux pour vous de pratiquer ces exercices lorsque vous êtes réellement seul. C'est seulement en faisant cela que vous apprendrez à être moins effrayé par les sensations et que vous les apprivoiserez.

En pratiquant régulièrement, vous allez constater que dans votre vie de tous les jours, lorsque les sensations redoutées se présentent parce que vous vous sentez tendu ou pour d'autres raisons, vous allez être moins apeuré par ces sensations. Cela aura deux conséquences: les sensations ne s'intensifieront pas et vous allez vous sentir plus en contrôle.

POURSUITE DES EXERCICES D'EXPOSITION AUX SENSATIONS PHYSIQUES DANS LA VIE QUOTIDIENNE

Maintenant, vous allez poursuivre l'application de votre exposition aux sensations physiques dans vos activités quotidiennes. Utilisez les stratégies spécifiées auparavant, c'est-à-dire pratiquez l'exercice jusqu'à ce que vous remarquiez l'apparition des sensations. Lorsque vous commencez à ressentir les sensations produites par l'exercice, continuez-le pendant 30 secondes supplémentaires (10 secondes dans le cas où vous retenez votre respiration ou secouez votre tête). Après, notez votre niveau d'anxiété de 1 à 8. Mettez alors en pratique vos techniques de rééducation respiratoire et identifiez toute pensée génératrice d'anxiété et modifiez-la à l'aide des techniques de contrôle des pensées vues précédemment.

N'utilisez pas les techniques de contrôle <u>avant</u> l'exercice. Vous devez ressentir pleinement les sensations pour que la peur qui s'y trouve rattachée diminue grâce à l'exposition. Cela diffère pour l'instant de votre peur dans la vie quotidienne, où nous vous incitons à utiliser vos moyens de contrôle dès que la peur apparaît. Lors des exercices, vivez pleinement les sensations, ensuite vous appliquerez les stratégies de contrôle.

Vous devez également vous forcer à faire les exercices de façon à ce que les sensations soient aussi intenses que possible. Si vous vous ménagez pour ressentir les sensations faiblement, vous ne vous améliorerez que faiblement.

Le rationnel de la procédure d'exposition sous-tend qu'il faut appliquer cette approche aux situations naturelles qui induisent des sensations similaires à celles que vous ressentez durant un épisode de panique. Il est possible que vous ayez développé un comportement d'évitement vis-à-vis de certaines activités quotidiennes parce qu'elles déclenchent ou ont déjà déclenché des sensations qui vous terrifient, et ce même si vous n'êtes pas conscient que vous les évitez. Par exemple, vous évitez peut-être d'accomplir certaines activités telles que boire du café, manger du chocolat, faire des exercices physiques aérobiques, soulever des objets lourds, faire des mouvements rapides, monter des escaliers en courant. Examinez attentivement chacun de ces exemples ou des activités similaires à celles mentionnées et évaluez si vous évitez ce genre d'activités ou si vous les avez affrontées mais avec hésitation ou avec peur à cause des sensations qu'elles déclenchent. Vous avez ici des exemples de la façon dont certaines sensations physiques normales et non dangereuses déclenchées par des activités quotidiennes peuvent être perçues comme des signaux précurseurs des attaques de panique même si les sensations ne sont pas immédiatement perçues comme étant la cause exacte, la cause précise des attaques de panique. Il ne faut pas oublier que les sensations déclenchées par ce genre de situation ont été préalablement associées aux attaques de panique. Le simple fait de revivre ce type de sensations peut déclencher la peur de revivre une attaque de panique.

◆ *Exercice 23:*

Identifiez les activités quotidiennes que vous avez pris l'habitude d'éviter parce qu'elles déclenchaient chez vous les sensations redoutées. Nous vous présentons une série d'exemples qui vous aidera à bâtir votre liste:
- monter et descendre des escaliers en courant;
- marcher à l'extérieur quand il fait chaud;
- demeurer dans une pièce encombrée où la température est élevée;
- s'insérer dans une voiture étroite et surchauffée;
- circuler dans un magasin ou un centre commercial surpeuplé ou encombré;
- marcher dehors lorsqu'il fait froid;
- exécuter une activité aérobique;
- soulever un objet lourd;
- danser;
- avoir une relation sexuelle;
- regarder un film d'horreur;
- prendre un repas lourd;
- regarder un film d'action ou un événement sportif;
- s'impliquer dans un débat;
- prendre une douche avec porte et fenêtres fermées;
- prendre un bain sauna;
- faire une randonnée pédestre;
- s'impliquer dans un sport;
- boire du café ou autre breuvage contenant de la caféine;
- manger du chocolat;
- se relever brusquement d'une position assise;
- se fâcher.

Après avoir fait la liste des activités quotidiennes que vous évitez, évaluez le niveau d'anxiété qu'elles déclenchent chez vous sur une échelle de 1 à 8 et placez-les de la moins anxiogène à la plus anxiogène.

Reprenez maintenant la même procédure d'exposition avec chacune de ces situations. Il y a cependant certaines différences dans le cas des situations de la vie quotidienne. D'une part, pour des raisons pratiques, on doit parfois laisser un délai plus grand avant de répéter un exercice comme dans le cas d'absorption de nourriture. D'autre part, les effets durent souvent plus longtemps que lors des exercices plus spécifiques. Cela ne signifie pas qu'ils sont plus dangereux. Surtout, ne les faites pas en souhaitant ne rien sentir. Attendez-vous à ressentir les sensations et à utiliser vos stratégies de contrôle des sensations et des pensées pour éliminer votre peur des sensations.

Parmi les exercices à pratiquer, vous pouvez ajouter le fait de repenser aux plus grosses paniques que vous avez eues, ce qui aura sûrement pour effet de vous faire revivre les mêmes sensations qu'à ce moment. Relisez souvent la procédure d'exposition pour être sûr de bien l'appliquer.

ET SI VOUS PANIQUEZ...

Il se peut que vous viviez encore quelques paniques pendant le traitement. Par nature, le trouble panique avec agoraphobie présente des hauts et des bas. Si vous avez encore des paniques, cela ne signifie pas que le traitement est inefficace, cela signifie que vous avez encore tendance à hyperventiler et à entretenir des pensées irréalistes génératrices d'anxiété. Seules la persistance et la pratique continue et régulière vous permettront de vraiment intégrer un mode respiratoire approprié et de remplacer vos anciennes peurs par une conviction viscérale que les sensations de panique ne constituent aucun danger et ne provoquent aucune catastrophe. Nous vous incitons à relire dans le chapitre 4 les stratégies proposées pour faire face à la panique afin de pouvoir mieux l'affronter et de ne pas vous laisser décourager par ce type d'événement désagréable mais sans conséquence pour la réussite de votre traitement.

Toutefois, il y a des éléments clés dont vous devriez vous souvenir et qui pourraient vous aider à maintenir une vision plus objective plutôt que de rester pris dans un cycle émotionnel de peur. Autrement dit, la gestion de votre traitement à ce niveau nécessite encore l'interruption du cycle de réponse émotionnelle.

Ce qui suit est une description des problèmes parfois rapportés dans des moments où l'anxiété ou la panique sont très élevées:

1) La panique est tellement soudaine, imprévisible, que je n'ai pas le temps de penser.

2) Je me sens tellement affolé que je ne peux penser clairement ou logiquement.

3) Lors de ces moments où je me sens affolé, il m'est difficile de croire aux verbalisations adéquates, et ma croyance dans les vieilles affirmations négatives refait surface (ex: «Je vais réellement mourir.»).

4) Je ne peux tout simplement pas contrôler ma tension physique ou ma façon de respirer.

Identifiez lequel de ces quatre processus (ou tout autre processus) se manifeste dans les moments de panique et entrave un contrôle approprié de votre part. Pour chacun de ces cas, il est important de se souvenir des éléments clés suivants:

1) Posez-vous une série de questions clés pour vous aider à devenir plus objectif, telles que: «Quelles sont mes pensées?», «Quel est le pire événement qui pourrait survenir?», «Quelle est la probabilité que cet événement se produise?», «Quel est l'élément précipitant de cet épisode?», «Comment mes réactions ont-elles dégénéré en cette sensation de panique?»

2) Souvenez-vous que, malgré votre _impression_ que le danger est réel, votre impression est déclenchée par un ensemble de croyances erronées. Les mêmes préoccupations catastrophiques ont prédominé dans des moments de panique antérieurs sans pourtant jamais se produire.

3) Continuez de réduire les sensations physiques par la rééducation respiratoire, mais souvenez-vous que

même si vous sentez que vous ne pouvez contrôler votre respiration ou votre tension physique, cela n'est vraiment pas dramatique puisque, de toute façon, les symptômes sont sans danger et vont disparaître d'eux-mêmes.

◆ *Exercice 24:*

Écrivez ces points importants sur une petite carte que vous pourrez transporter avec vous et utiliser comme aide-mémoire dans les périodes où vous devenez vraiment affolé et avez l'impression de ne pas être capable de mettre en pratique les recommandations ou de vous en souvenir. Cet aide-mémoire vous aidera à devenir un observateur plus objectif de la séquence des événements, ce qui en retour vous permettra d'être plus en contrôle face à vos réactions plutôt que de vous sentir coincé dans un cycle de panique émotionnelle.

L'EXPOSITION AUX SENSATIONS DE LA PANIQUE
DANS LES SITUATIONS REDOUTÉES

La dernière étape consiste à essayer de provoquer les sensations redoutées dans les situations que vous évitiez habituellement. Ce sont les situations que vous avez énumérées pour faire vos exercices d'exposition graduée et prolongée dans les chapitres 3 et 4. Reprenez donc la liste que vous avez préparée à l'exercice 14. Commencez par les situations auxquelles vous vous êtes exposé et qui ne vous font plus peur. Vous vous rendez dans la situation, et non seulement vous vous exposez mais, de plus, vous essayez de provoquer les sensations redoutées, puis vous appliquez les stratégies de contrôle que vous maîtrisez maintenant assez bien. Cela complétera ainsi les exercices d'exposition aux situations redoutées et aux sensations de panique.

◆ *Exercice 25:*

Utilisez exactement la même procédure de pratique et d'observation que vous avez appliquée aux exercices 22 et 23. Relisez-la au besoin et notez vos observations afin de constater votre progression ou d'identifier les aspects qui vous causent des difficultés.

Cette étape vous fait probablement peur. Mais n'oubliez pas, vous avez tendance à appréhender les choses de telle sorte que lorsque vous passez à l'action, cela est presque toujours plus facile que vous ne l'aviez prévu. Alors, allez-y, foncez, c'est de votre liberté d'action dont il est question.

PRENDRE UNE MÉDICATION

Depuis le début des années soixante, l'utilisation de différents médicaments dans le traitement du trouble panique avec agoraphobie a démontré l'utilité de certains d'entre eux, surtout pour les gens les plus atteints. Toutefois, la question de la nécessité d'une prise de médication porte encore à controverse. Les mécanismes par lesquels la médication agit et le rôle spécifique que les médicaments jouent ne sont pas vraiment connus. La médication peut entraîner des effets secondaires et une resurgence des symptômes d'anxiété (effet de rebond et de sevrage) après l'arrêt de la médication. Plusieurs agoraphobes sont réfractaires à la prise d'une médication et pour certains celle-ci n'est pas nécessaire pour le traitement du TPA. Compte tenu que la médication est une forme de traitement et que plusieurs individus prennent actuellement une médication, nous croyons qu'il est important de vous donner des informations pertinentes concernant la prise d'une médication, le type de médicaments efficace, les doses nécessaires, les contre-indications, les limites de la médication. Dans cette section, nous allons vous présenter quelques informations de base concernant ces différents aspects. Nous discuterons par la suite de trois situations spécifiques. D'abord, nous vous exposerons notre position concernant l'utilisation ou non d'une médication pour le traitement du TPA. Ensuite, nous vous donnerons de l'information et des suggestions si vous prenez déjà une médication pour contrôler vos attaques de panique. Finalement, nous cernerons dans quel cas il peut être d'un grand secours d'utiliser une médication.

ASPECTS PHARMACOLOGIQUES DU TPA

Il y a trois grandes classes de médicaments utilisées dans le traitement du TPA: les tranquillisants ou benzodiazépines, les antidépresseurs et les bêtabloquants.

A) Tranquillisants (benzodiazépines)

Les individus qui consultent pour un traitement du TPA consomment souvent des tranquillisants. De tous les médicaments utilisés dans le traitement de l'anxiété, les tranquillisants sont connus pour entraîner une dépendance physique et psychologique. Il convient donc de discuter de leur efficacité et leurs effets secondaires. Les tranquillisants, souvent appelés calmants, sédatifs ou anxiolytiques, sont classifiés selon leur puissance clinique. On entend par la puissance d'un médicament la dose nécessaire pour produire l'effet thérapeutique escompté. Tenant compte de leur puissance, on divise les benzodiazépines en trois groupes: à puissance faible, moyenne et élevée. Ainsi, une benzodiazépine de puissance faible ou intermédiaire est recommandée dans le milieu psychiatrique pour les individus qui présentent une anxiété légère reliée à l'environnement, de même que pour les individus qui souffrent d'anxiété généralisée. Pour les attaques de panique, une benzodiazépine à haute puissance serait le meilleur choix.

Même si ces tranquillisants sont efficaces pour combattre l'anxiété, il faut savoir les utiliser correctement, connaître leurs limites et considérer leur usage comme une solution temporaire. En effet, les tranquillisants ne règlent pas la cause de l'anxiété, ils sont trop souvent prescrits sans raison suffisante, pour des périodes beaucoup trop longues et sans être combinés à une autre forme de traitement comme la psychothérapie ou la prescription d'un antidépresseur.

Benzodiazépines à faible ou moyenne puissance

Ce sont les médicaments de loin les plus couramment prescrits pour l'anxiété et la panique. Les types et les différents noms commerciaux sont beaucoup trop nombreux pour qu'ils soient tous mentionnés ici, mais deux des plus communément prescrits sont le diazépam (Valium) et le chlordiazepoxide (Librium).

Ces médicaments sont indiqués pour un soulagement à court terme de l'anxiété mais sont généralement considérés comme étant inefficaces pour les attaques de panique, à moins qu'ils ne soient prescrits en doses très élevées, dosages avec lesquels votre médecin peut se sentir inconfortable. Par exemple, vous pourriez avoir besoin de 30 mg ou plus de Valium par jour pour contrôler vos attaques de panique. Et à ce dosage, les chances de vous sentir sommolent sont grandes. Pour cette raison, les benzodiazépines à faible puissance sont très rarement prescrites pour les attaques de panique par les généralistes et les psychiatres bien informés. À moins de procéder prudemment avec votre médecin, il y a un danger de devenir psychologiquement et physiquement dépendant d'un médicament qui est destiné uniquement à un traitement à court terme de l'anxiété.

Benzodiazépines à haute puissance

Un des progrès récents les plus intéressants dans le traitement pharmacologique a été la découverte des benzodiazépines à haute puissance qui semblent efficaces dans la réduction des attaques de panique, du moins à court terme. Deux nouvelles benzodiazépines sont maintenant utilisées dans le traitement des attaques de panique, ce sont l'alprazolam (Xanax) et le clonazépam (Rivotril).

Prescrit à faible dose de 1,5 mg par jour en 3 ou 4 prises, l'alprazolam est un tranquillisant (anxiolytique) comme les autres benzodiazépines, mais il possède en plus un effet antidépresseur faible mais réel. À plus forte dose, soit 4 à 6 mg par jour ou plus, il devient efficace contre les attaques de panique au même titre que les antidépresseurs. Il en est de même pour le clonazépam (Rivotril). Comparés aux antidépresseurs, dans le traitement des attaques de panique, l'alprazolam et le clonazépam provoquent moins d'effets secondaires et sont supérieurs en ce sens qu'ils suppriment l'anxiété d'anticipation précédant les attaques de panique ou les situations effrayantes. Ils comportent par ailleurs comme inconvénients de produire plus de symptômes de sevrage. Pour vous donner une idée de la puissance du Xanax, on peut le comparer au Valium; 1 mg de Xanax est équivalent à 10 mg de Valium. Le dosage approprié de Xanax pour traiter le trouble panique est de 6 à 10 mg par jour. Prendre 10 mg de Xanax serait prendre l'équivalent de 100 mg de Valium.

Avec le dosage de 6 à 10 mg par jour, 60 % des individus d'un large groupe n'avaient plus d'attaques de panique après 8 semaines de traitement avec ce médicament. Ce qui semble à première vue être un très bon résultat. Cependant, la dépendance à ce médicament survient rapidement, puisqu'il est très difficile pour la majorité des gens de cesser de le prendre une fois qu'ils ont commencé et il y a risque de surdosage à la suite d'un mauvais usage ou d'abus. Ce risque survient parce que, entre les prises de médicaments ou lors du sevrage, il se produit une réapparition des symptômes d'anxiété, rapide et plus élevée qu'avant la prise de médication (effet de rebond), qui peut être soudaine ou prolongée. Il se produit également des réactions de sevrage (réaction au manque de la substance dans l'organisme) dues à l'arrêt ou à la diminution du médicament (insomnie, nausées, tremblements, vomissements, etc.). La difficulté peut donc provenir à la fois des réactions de rebond, des réactions de sevrage, ou probablement d'une combinaison des deux. Ces effets sont très déplaisants et environ 30 % des gens éprouvent des symptômes d'anxiété et de panique plus intenses encore qu'avant le début du traitement. Pour ces raisons, presque tous les sujets manifestent une rechute, c'est-à-dire revivent les symptômes reliés au trouble panique, adoptent le même fonctionnement qu'avant la consultation, une fois le médicament retiré, particulièrement si le retrait est trop rapide. Pour toutes ces raisons, les tranquillisants doivent être prescrits en petites doses, au besoin, pour de courtes périodes espacées, et sous un contrôle médical strict. Il est fortement suggéré de prescrire une benzodiazépine pour une courte période lorsqu'on a initié en même temps un antidépresseur, en attendant que l'effet de ce dernier se manifeste et pour contrer l'augmentation initiale de l'anxiété créée par l'antidépresseur..

B) Antidépresseurs

Il y a deux types d'antidépresseurs qui semblent efficaces pour traiter l'anxiété et les attaques de panique. Le premier type regroupe les antidépresseurs tricycliques tels que l'imipramine (Tofranil) et l'amytriptyline (Elavil) et les antidépresseur inhibiteurs sélectifs de la recapture de la sérotine telle la fluoxétine (Prozac). L'imipramine est de loin l'antidépresseur le plus communément utilisé pour l'anxiété et la panique. Un autre type de médicament antidépresseur regroupe les inhibiteurs de la monoamine-oxidase (IMAO). Le médicament pour l'anxiété et la panique le mieux connu dans cette catégorie est le phenelzine (Nardil).

Tous ces médicaments semblent équivalents quant à leur efficacité pour enrayer les attaques de panique comme pour diminuer l'évitement agoraphobique, particulièrement lorsqu'ils sont combinés avec un traitement psychologique tel que nous le préconisons. La difficulté majeure avec ces médicaments est que, pendant les deux ou trois premières semaines, la personne subit un certain nombre d'effets secondaires qui semblent similaires à l'anxiété et aux attaques de panique vécues par les agoraphobes. Pour cette raison, plusieurs personnes ne veulent pas continuer à prendre le médicament ou du moins ne veulent pas augmenter les dosages à des niveaux thérapeutiques appropriés.

Pourtant, la recherche a démontré qu'il est primordial de prendre ce médicament en quantité suffisante afin d'obtenir pleinement les bénéfices thérapeutiques. Par exemple, la plupart des gens devraient prendre au moins 150 mg de Tofranil par jour pour atteindre le bénéfice thérapeutique maximal. Naturellement, ce dosage peut varier quelque peu selon le jugement de votre médecin et les capacités de chaque individu. Ainsi, si cela est possible, une personne devrait persévérer pendant les premières semaines de prise du médicament, jusqu'à l'obtention de ce dosage thérapeutique. En fait, de petites quantités d'imipramine (Tofranil) de 25 à 50 mg par jour sont parfois suffisantes pour contrôler les attaques de panique, mais il est souvent nécessaire de prendre des doses allant de 150 mg à 200 mg par jour. Il arrive parfois que les attaques de panique diminuent rapidement après 3 ou 4 jours, mais dans la majorité des cas on doit attendre de 3 à 6 semaines avant que la médication n'agisse.

Les IMAO sont utilisés moins fréquemment pour les attaques de panique parce qu'ils impliquent que la personne se soumette à un régime alimentaire sévère et restrictif. Par exemple, une personne ne devrait manger ni fromage, ni chocolat, ni aucune autre nourriture contenant de la tyramine, ni non plus boire du vin rouge. Si ces restrictions ne sont pas suivies, des symptômes allant des maux de tête violents à l'augmentation de la pression artérielle et la mort peuvent survenir. Si vous êtes confortable avec l'idée d'éviter ces aliments, alors vous devriez prendre plus de 50 mg par jour du médicament le plus populaire, le phénelzine (Nardil), afin d'atteindre un bénéfice thérapeutique complet.

Par ailleurs, il est beaucoup plus facile de cesser de prendre des antidépresseurs tricycliques que d'arrêter les tranquillisants, qu'ils soient à haute puissance ou non. Ainsi, les taux de rechute sont beaucoup plus faibles pour les antidépresseurs tricycliques, environ de 30 %. De plus en plus de résultats de recherche suggèrent que les antidépresseurs sont plus efficaces lorsqu'ils sont combinés avec un programme de traitement psychologique.

C) Bêtabloquants

Plusieurs personnes prennent des bêtabloquants dans le but de réduire leur pression sanguine ou de régulariser leur rythme cardiaque. Ces médicaments agissent sur un récepteur spécifique, le récepteur bêta, qui est impliqué dans l'activation physiologique. Ainsi, si une personne doit faire attention de pas avoir d'activation physiologique trop élevée pour des raisons médicales, les bêtabloquants lui sont souvent prescrits. Encore une fois, il y a un grand nombre de bêtabloquants disponible, mais le plus populaire demeure le propanolol (Inderal).

Néanmoins, il y a très peu d'évidence indiquant que le propanolol soit efficace pour les attaques de panique et l'anxiété qui y est associée, même si parfois une personne qui en prend peut se sentir un peu mieux. Pour cette raison, les médecins et psychiatres bien informés au sujet du traitement pharmacologique de l'anxiété ne prescrivent presque jamais ce médicament pour traiter l'anxiété et les attaques de panique.

On peut résumer en disant que toute médication permettant de réduire les sensations physiques désagréables interprétées par les agoraphobes comme étant catastrophiques ou menaçantes peut avoir un certain effet. Les médicaments les plus populaires sont les antidépresseurs tricycliques (imipramine) et les benzodiazépines à haute puissance pris pendant de courtes durées. Pour être vraiment efficaces, ils doivent la plupart du temps être pris conjointement avec un traitement psychologique.

Par ailleurs, la thérapie pharmacologique comporte de sérieuses limites. Plusieurs patients ont extrêmement peur de consommer un médicament. Les études scientifiques sur le sujet des traitements pharmacologiques rapportent qu'en moyenne 20 % des agoraphobes refusent d'entreprendre un traitement pharmacologique. En début de traitement, les antidépresseurs tricycliques et atypiques peuvent entraîner de nombreux effets secondaires importants, telles l'agitation, l'insomnie, la vision embrouillée, l'irritabilité, la tachycardie et la constipation. Les IMAO sont aussi très toxiques et exigent une diète sans tyramine sinon ils peuvent entraîner des crises d'hypertension. Enfin, le délai d'action des antidépresseurs peut varier de 4 à 12 semaines et parfois plus. Pour ces raisons, le taux d'abandon chez les patients traités à l'imipramine ou aux IMAO se situe aux alentours de 20 à 40 %.

De leur côté, les tranquillisants possèdent un délai d'action beaucoup plus rapide que les antidépresseurs, mais ils comportent des effets secondaires qui apparaissent également plus rapidement: sédation, ataxie, fatigue, problèmes d'élocution et somnolence. Ces symptômes sont toutefois moins incommodants que ceux des antidépresseurs et entraînent moins d'abandons vis-à-vis le traitement.

Enfin, et c'est sûrement la plus grande faiblesse des traitements pharmacologiques, le taux de rechute (réapparition des symptômes reliés à l'agoraphobie) pendant la période de sevrage, c'est-à-dire lors de la diminution et de l'arrêt de la médication, oscille entre 20 et 50 % dans le cas de l'imipramine et peut atteindre jusqu'à 90 % pour les IMAO. En ce qui a trait aux tranquillisants, on observe des taux de rechute très élevés (60 à 90 %), des effets de rebond (apparition temporaire de malaises plus intenses que les symptômes originaux) ainsi que des problèmes de dépendance physiologique et psychologique importants.

En conclusion, le traitement pharmacologique semble offrir des résultats intéressants à court terme, mais le nombre de rechutes observées lors du retrait de la médication en réduit considérablement son efficacité à plus long terme. De plus en plus de recherches cliniques démontrent qu'un traitement cognitivo-comportemental ou comportemental tel que nous le proposons dans ce manuel donne des résultats supérieurs à long terme aux bêtabloquants, aux benzodiazépines à faible et à haute puissance ainsi qu'aux antidépresseurs lorsque ces derniers sont prescrits sans psychothérapie.

SI VOUS NE PRENEZ PAS DE MÉDICATION

Si vous ne prenez aucune médication, la plupart d'entre vous pouvez très bien traiter votre TPA avec la méthode psychologique que nous proposons dans ce volume (avec ou sans l'aide d'un thérapeute), sans avoir recours à la pharmacothérapie. Le taux de succès de cette méthode est en effet de l'ordre de 80 à 90 %. De plus, l'utilisation d'une médication n'a pour effet que de retarder votre exposition aux sensations qui vous font injustement peur. La plupart du temps, le fait de prendre une médication de façon continue pour régler ses problèmes sans chercher à en régler la cause ou les facteurs de maintien est un peu comparable au fait de prendre une aspirine pour abaisser la fièvre sans traiter l'infection qui la cause.

Il faut s'attaquer au processus qui maintient l'anxiété, ce qui permet de se défaire de la peur, de diminuer les comportements d'évitement et de changer le discours intérieur erroné. Il faut apprendre à développer des habiletés pour apprivoiser les situations et les sensations problématiques. De plus, la prise d'une médication comporte le risque de développer une dépendance physique et psychologique aux médicaments alors que vous êtes peut-être déjà dépendant de plusieurs personnes, de votre entourage. Cependant, dans certains cas, une médication s'avère nécessaire; cette situation sera discutée plus loin.

SI VOUS PRENEZ DÉJÀ UNE MÉDICATION

Si vous êtes comme plusieurs personnes souffrant d'anxiété ou d'attaques de panique, vous avez probablement déjà consulté votre médecin de famille qui vous aura alors prescrit un tranquillisant mineur ou un antidépresseur pour combattre votre anxiété. Vous prenez peut-être cette médication régulièrement, ou encore seulement occasionnellement, quand vous croyez en avoir besoin, par exemple lorsque vous vous sentez particulièrement anxieux.

Plusieurs personnes suivent ce programme sans jamais consommer de médicament; d'autres préféreraient ne pas en prendre mais le font sur les conseils de leur médecin. Cependant, il y a un certain nombre de personnes qui désirent une médication pour leur anxiété et leurs attaques de panique, et ce pour une variété de raisons. Pour certains, les symptômes de l'anxiété et de la panique sont tellement accablants et aigus qu'ils ont l'impression qu'ils ne peuvent les tolérer une journée de plus et souhaitent être soulagés le plus vite possible.

Les médicaments qui prennent le plus de temps avant d'agir (antidépresseurs) commencent à faire effet à l'intérieur d'un délai de trois semaines. Ceux à action plus rapide (tranquillisants) peuvent agir en un jour ou deux. Il est hors de doute que ces effets sont plus rapides que ceux auxquels une personne peut s'attendre en suivant les recommandations que nous formulons, à moins que cette personne ne soit capable d'y consacrer énormément de temps et qu'elle ne complète les sessions proposées très rapidement. D'autres peuvent considérer ne pas avoir le temps présentement de se consacrer à la maîtrise de l'information contenue dans ce manuel. D'autres encore peuvent croire fermement que la médication est le traitement le plus approprié pour leur anxiété.

De toute manière, presque 60 % des gens qui viennent en clinique privée prennent une certaine médication pour leur anxiété. Naturellement, parmi les personnes qui viennent à notre clinique et qui prennent une quelconque médication, certains éprouvent toujours des symptômes d'anxiété et de panique, sinon elles ne prendraient pas la peine de nous consulter. Pour d'autres personnes, leur médecin de famille leur a donné une prescription pour qu'elles puissent fonctionner pendant les prochaines deux ou trois semaines, tout en leur recommandant de se rendre à notre clinique le plus tôt possible afin d'y recevoir un traitement complet et adapté à leur condition.

Nous ne recommandons pas que ces personnes arrêtent de prendre leur médicament avant de commencer le programme d'intervention ni pendant l'application du programme. Mais même si nous ne les encourageons pas dans ce sens, plusieurs personnes cessent d'elles-mêmes la prise de médicament pendant l'application du programme. Approximativement la moitié des gens qui complètent le programme arrêtent d'eux-mêmes de prendre leur médicament (habituellement avec le consentement de leur médecin) avant la fin du programme, tandis que d'autres arrêtent à un moment donné pendant la première année qui suit la fin du programme. Nous décrirons plus loin les méthodes pouvant vous aider à cesser la médication si vous le désirez.

Il a été démontré que plusieurs classes de médicaments, s'ils sont prescrits à un dosage approprié, peuvent être efficaces pour certaines personnes, tout au moins pour un soulagement à court terme de l'anxiété et de la panique. Toutefois, plusieurs de ces médicaments ne sont pas efficaces à long terme à moins que vous ne continuiez à les prendre indéfiniment. Et même dans ce cas, ils peuvent perdre quelque peu de leur efficacité, à moins que vous n'appreniez des méthodes nouvelles, plus adaptatives, pour faire face à votre anxiété et votre panique pendant que vous utilisez le médicament.

Il y a également quelques individus qui débutent une thérapie pharmacologique puis qui arrêtent plusieurs mois plus tard sans avoir eu aucun besoin de suivre un programme d'intervention psychologique tel que celui que nous suggérons ici. Que ce soit parce que certains événements stressants particuliers qu'ils subissaient se sont résolus, parce que des changements neurologiques dans leur sensibilité se sont produits ou parce qu'ils ont adopté une attitude différente par rapport à leur anxiété et leur panique, le traitement pharmacologique est alors le seul qui soit requis pour eux.

PERSONNES POUVANT BÉNÉFICIER D'UNE MÉDICATION

Les agoraphobes présentant des attaques de panique spontanées, répétitives et aigües semblent être les meilleurs candidats à un traitement pharmacologique et psychologique combiné. Les personnes agoraphobes qui n'éprouvent pas ces attaques spontanées peuvent être traitées la plupart du temps sans médication. Les personnes présentant des tendances dépressives importantes semblent être également de bons candidats à la médication. Chez ces personnes, la médication peut améliorer l'humeur, leur permettant ainsi d'être plus disposées à adhérer à la thérapie.

Il peut arriver aussi que vous soyez tellement terrifié à l'idée de faire face à votre problème que cela vous plonge dans l'immobilité car vous refusez de faire ne serait-ce qu'un premier pas. Peut-être vaut-il mieux, alors, accepter de prendre une médication, au moins au début, malgré les inconvénients que cela comporte. Mieux vaut se traiter avec certains inconvénients que de ne pas se traiter du tout.

L'ARRÊT DE VOTRE CONSOMMATION DE MÉDICAMENTS

Maintenant que vous avez complété ce programme de traitement, vous devriez être prêt à arrêter votre médication si vous le désirez. Il y a des chances que vous l'ayez déjà fait. Si non, assurez-vous que votre arrêt de médication se déroule sous la supervision de votre médecin ou de votre pharmacien; eux seuls peuvent décider du rythme adéquat afin de diminuer votre médication jusqu'à l'élimination complète. Ceci est particulièrement vrai pour des médicaments comme l'alprazolam (Xanax), dont il est très difficile de cesser la consommation. Cependant, avec ce que vous avez appris dans ce manuel, vous devriez avoir moins de difficulté à cesser votre médication si vous suivez les conseils pratiques suivants:

1. Diminuez votre médication relativement lentement. Ne tentez pas de le faire brusquement. Encore une fois, votre médecin ou votre pharmacien est en

mesure de vous donner les meilleurs conseils pour gérer la diminution de votre médication.

2. Établissez une date-cible à laquelle vous cesserez complètement votre médication. Encore une fois, cela doit être planifié avec votre médecin afin que le choix de cette date soit raisonnable. Il ne faut pas que cette date soit trop éloignée afin de ne pas perdre votre motivation. Généralement, le plus vite est le mieux en autant que ce soit à l'intérieur d'un horaire raisonnable pour vous et approuvé par votre médecin.

3. Utilisez les principes et les habiletés que vous avez appris dans ce manuel pendant que vous tentez de diminuer et d'arrêter la médication.

La raison pour laquelle nous n'avons pas abordé plus tôt le sujet de la médication provient du fait que nous croyons fermement, et les résultats des études scientifiques dans le domaine nous le confirment, que vous devez apprendre à maîtriser votre anxiété et votre panique avant de pouvoir éliminer avec succès votre médication. Cela s'explique par le fait qu'il est possible que la diminution de la médication provoque des symptômes d'anxiété ou des attaques de panique plus intenses que ceux ressentis précédemment.

Si vous ne prenez pas de médicaments, vous devriez à présent avoir maîtrisé la panique et l'anxiété dans toutes leurs manifestations. Si vous prenez des médicaments, les principes que vous avez appris pourront être bénéfiques pour faire face à une réémergence possible de l'anxiété et de la panique. Encore une fois, la plupart des gens n'éprouvent pas ce type de problème et réduisent graduellement leur médication sans ressentir de difficultés pour faire face à leur anxiété et à leur panique. Ces personnes n'éprouvent plus de nouvelles attaques de panique quand elles cessent leur médication. Toutefois, si pour une raison quelconque vos symptômes d'anxiété et vos attaques de panique semblent revenir, particulièrement si vous étiez de ceux qui consomment des tranquillisants (benzodiazépines), vous devriez être rassuré par le fait que cette réémergence est normale et durera au plus une semaine ou deux seulement, jusqu'à ce que l'effet métabolique du médicament soit évacué complètement de votre organisme. Qui plus est, vous possédez maintenant les habiletés nécessaires et efficaces pour composer avec cette anxiété et même l'éliminer entièrement.

En fait, le retrait de la médication peut être considéré comme étant la dernière intervention à mettre en pratique. Aussi, voici une nouvelle occasion d'appliquer vos stratégies pour réduire votre peur et votre anxiété. Plutôt que de devenir bouleversé à la moindre sensation que vous ressentez lorsque que vous arrêtez la médication, vous pouvez mettre en pratique les indications précédentes concernant la modification de vos idées, vos interprétations négatives et l'exposition aux stimuli. De plus, vous pouvez pendant cette période continuer à utiliser l'entraînement au contrôle respiratoire conjointement à vos stratégies cognitives telles que la restructuration cognitive, l'autodistraction et l'auto-instruction.

En d'autres mots, concevez l'arrêt de la médication comme une excellente occasion de développer définitivement une maîtrise totale sur vos émotions et ainsi éliminer une fois pour toutes les sensations terrifiantes reliées à la panique.

Par exemple, Julie prend une médication et désire arrêter la prise de celle-ci. Elle peut alors se donner comme tâche pour la semaine de discuter avec son médecin de la meilleure procédure, de l'horaire le plus pertinent pour diminuer et finalement arrêter sa médication. Elle doit également planifier la façon dont elle devra faire face aux effets provoqués par la diminution ou l'arrêt de la médication. Pour ce faire, elle peut utiliser les diverses stratégies et les divers principes d'exposition et de restructuration cognitive décrits tout au long de ce manuel. Vous pouvez également construire un horaire spécifique, étape par étape, pour faire face à cette nouvelle situation.

LES PÉRIODES DIFFICILES

Le traitement de votre agoraphobie constitue une extraordinaire entreprise de laquelle vous sortirez grandi par l'autonomie retrouvée et votre confiance personnelle consolidée. Cependant, les plus grandes réussites comportent toujours quelques embûches et vous ne pourrez leur échapper complètement.

Par moments, vous aurez tendance à vous décourager et voudrez tout abandonner. Nous espérons que vous ne céderez pas à ces moments difficiles. Profitez plutôt de ces occasions pour prendre un petit répit et mesurer vos progrès. Relisez votre journal de bord depuis le début. D'où êtes-vous parti et où en êtes-vous aujourd'hui?

Vos difficultés viennent peut-être du fait que vous voulez aller trop vite. Laissez-vous une chance de progresser à votre rythme. Peut-être est-ce plutôt le manque de support des membre de votre entourage qui vous affecte. Prenez le temps de vous asseoir avec eux et de leur expliquer que vous avez besoin de leur encouragement. Si vous ne pouvez compter sur eux, apprenez à vous féliciter vous-même et à récompenser vos progrès par des petites gâteries que vous pouvez vous offrir.

Vos sentiments varient d'un jour à l'autre, comme pour chacun d'entre nous. Ne laissez pas une mauvaise journée compromettre tout votre projet de traitement. Pour plusieurs, le découragement survient après un état de panique aigu, spécialement s'ils ont fui la situation sans attendre que la peur diminue. Si cela vous arrive et que vous avez l'impression d'être retourné au point de départ, n'abandonnez pas. Recommencez simplement le même exercice le plus tôt possible. Si vous aviez choisi une situation trop difficile, pensez à une étape intermédiaire. Vous vous apercevrez alors que le terrain perdu peut être regagné très rapidement.

Profitez-en pour relire les objectifs à court, moyen et long terme que vous vous êtes donnés à la fin du chapitre sur l'évaluation. Êtes-vous prêt à les laisser tomber à cause d'une difficulté passagère? Plus vous composerez avec les difficultés avec philosophie et persévérance, plus grandes seront vos chances de succès. Et n'oubliez pas, un peu d'humour aide à traverser bien des situations plus facilement. En dédramatisant vos difficultés, les solutions vous viendront plus facilement à l'esprit.

Résumé

Le sentiment de perte de contrôle sur soi constitue sûrement la plus grande source de détresse pour les gens atteints du trouble panique avec agoraphobie. Dans ce chapitre, nous avons présenté des stratégies de traitement s'adressant à vos pensées et à vos sensations. Elles visent à vous redonner le contrôle sur vous-même. Vos pensées ne consistent pas en une bande sonore contrôlée par quelqu'un de l'extérieur. En prenant conscience de votre monde cognitif composé de pensées, d'idées et d'images, vous pouvez apprendre à l'influencer et à le contrôler par les techniques d'autodistraction, de restructuration cognitive et d'auto-instruction.

Vous pouvez également diminuer la fréquence et l'intensité des sensations désagréables en apprenant à bien respirer. Une autre approche pour diminuer votre peur des sensations physiques consiste à vous y exposer en les provoquant vous-même. Pour terminer, nous avons brièvement décrit notre position face à la prise de médicaments. Si vous en prenez déjà, composez avec cela mais si vous n'en prenez pas, nous vous incitons à débuter le traitement sans y avoir recours.

Chapitre six

Maintenir ses acquis

MAINTENIR SES ACQUIS

Si vous avez mis en pratique les stratégies de traitement proposées dans le chapitre précédent, vous vous trouvez sûrement à cent lieues de votre point de départ. Vous avez retrouvé une grande partie de votre autonomie, vous maîtrisez vos attaques de panique et ne les considérez plus comme un phénomène dangereux. Le sentiment de menace constante s'estompe peu à peu, et la peur d'avoir peur ne définit plus votre quotidien. Le travail effectué sur les facteurs d'entretien de votre trouble panique avec agoraphobie porte fruit et vous redevenez maître de vous-même.

Le moment est venu d'examiner à nouveau les facteurs qui vous ont prédisposé et ont déclenché votre trouble panique avec agoraphobie. Bien qu'ils ne jouent pas un rôle direct dans l'entretien de votre trouble, ils deviennent importants en regard de la prévention des rechutes et du maintien des acquis. Nous vous proposons dans ce chapitre diverses stratégies visant à améliorer votre fonctionnement général et à vous prémunir contre une réapparition de votre problème. Ces stratégies couvrent plusieurs aspects du fonctionnement général de l'individu. Nous vous présentons les principes de base vous permettant de faire un travail personnel sur ces aspects. Ceux qui désirent faire des lectures complémentaires peuvent se référer à la bibliographie (p. 171).

Nous aborderons **la relaxation, la résolution de problèmes, la communication et l'affirmation de soi, puis la prise de décisions et la prise de risques.** Ces stratégies s'avèrent précieuses pour aider les gens vivant un état d'anxiété élevé de façon quasi permanente, ceux ayant une tendance à la passivité et à la dépendance ou ayant grandi dans une famille anxieuse ou surprotectrice. Ces moyens servent à diminuer leur niveau d'anxiété, à développer leur autonomie, leur confiance et leur estime personnelle, et ils diminuent les risques de dérapage.

Nous ferons ensuite quelques suggestions qui s'adressent à **vos proches** qui veulent savoir comment vous venir en aide. Nous terminerons en abordant les difficultés de traitement pouvant survenir lorsque certaines personnes éprouvent d'autres problèmes qui se superposent à l'agoraphobie et en rappelant l'importance de tenir compte du système qui maintient l'agoraphobie pour y remédier.

APPRENDRE À RELAXER

La vulnérabilité biologique compte parmi les facteurs qui prédisposent certains individus au trouble panique avec agoraphobie. Bien qu'elle ne puisse modifier cette vulnérabilité à la source, la technique de relaxation progressive de Jacobson contribue fortement à atténuer l'état d'alerte constant vécu par ces gens. La pratique régulière de cette technique permet de diminuer leur état général de tension. Les gens ayant une vulnérabilité biologique et des traits d'anxiété généralisée devraient sans faute utiliser cette technique pour devenir moins vulnérables à la panique. En effet, si votre stress quotidien se situe presque toujours au maximum, il faudra peu de chose pour déclencher une panique. Si votre niveau de stress général se trouve modéré, vous aurez une plus grande marge de manœuvre pour faire face à un stresseur sans que l'alarme ne sonne.

L'ENTRAÎNEMENT À LA RELAXATION

Chaque personne peut parvenir à se détendre jusqu'à un certain point. L'atteinte d'une détente profonde nécessite cependant un entraînement durant une période d'environ 3 mois. Cet entraînement consiste en une séance quotidienne de relaxation d'environ 20 minutes. Pour obtenir un effet maximal, il est même recommandé d'effectuer quotidiennement 2 séances durant le premier mois. Que l'on opte pour une méthode active ou passive, il peut être plus facile d'acquérir correctement la technique et de demeurer concentré durant la séance si on suit des consignes préenregistrées sur disque ou cassette.

L'entraînement à la relaxation constitue l'apprentissage d'une nouvelle habileté. Il ne faut pas s'attendre à voir une différence ou à ressentir un effet avant un certain nombre de séances. De même, il est normal d'éprouver plus de difficultés à détendre certaines parties du corps. Si vous amorcez un entraînement à la relaxation et que vous persévérez, vous parviendrez à éliminer de plus en plus vos tensions.

Parmi toutes les méthodes de relaxation, notre choix s'est fixé sur la relaxation de Jacobson parce que cette technique présente de nombreux avantages comparativement à d'autres méthodes. Premièrement, de nombreuses recherches effectuées par des spécialistes de plusieurs domaines ont clairement démontré son efficacité pour induire une diminution de la tension musculaire et nerveuse.

Elle permet également à l'individu de prendre conscience des états de tension et de détente et de son habileté à passer de l'un à l'autre. Ainsi, après une période d'entraînement, l'individu peut se relaxer dans toutes ses activités quotidiennes, autant au travail, à la maison que dans le métro, l'autobus, la voiture. Cela constitue un avantage majeur sur toutes les autres méthodes qui nécessitent des conditions particulières d'utilisation.

La relaxation active consiste en une série d'exercices qui requièrent de tendre des muscles spécifiques puis de relâcher la tension de façon à créer un contraste entre la tension et la détente. Il faut se centrer sur l'état de tension puis l'état de détente de façon à bien identifier les deux états et apprendre à les reconnaître. On a comparé cette expérience aux sensations que l'on ressent dans un bain très chaud après un exercice physique intense.

Éventuellement, on apprend à détecter la tension sans fléchir les muscles. Après quelques sessions de pratique, la plupart des gens développent l'habileté à réduire la tension en se concentrant simplement sur la sensation plus agréable de relaxation.

Pour apprendre la relaxation progressive de Jacobson, il est essentiel d'identifier les groupes de muscles impliqués, de connaître les mouvements correspondants de contraction et de détente et de suivre l'ordre d'exécution de ces diverses activités. Le tableau suivant présente chacun des groupes musculaires et les mouvements permettant de les contracter.

Voici maintenant la marche à suivre pour apprendre la technique de relaxation active à partir des contractions musculaires suggérées.

1. Pour apprendre à relaxer, choisissez un endroit calme où les bruits et l'éclairage se trouvent réduits au maximum.

2. Étendez-vous sur un lit ou un divan de telle façon que votre corps soit entièrement soutenu.

3. Effectuez chaque contraction de 5 à 10 secondes, puis relâchez et prenez conscience de la différence entre la tension et la détente. Reprenez chaque contraction une deuxième fois avant de passer à la suivante.

4. Essayez de contracter uniquement le groupe musculaire voulu en laissant les autres parties du corps détendues.

5. **Ne bougez pas inutilement.** La relaxation consiste en un abandon de soi, une absence d'efforts. Bougez

GROUPES MUSCULAIRES ET MOUVEMENTS DE CONTRACTION CORRESPONDANTS

Groupe musculaire	Mouvement de contraction correspondant
1. Main gauche	Fermez la main et repliez la main sur l'avant-bras.
2. Bras gauche	Repliez l'avant-bras sur le bras jusqu'à ce que la main touche l'épaule.
3. Main droite	*Idem* à la main gauche.
4. Bras droit	*Idem* au bras gauche.
5. Front	Relevez les sourcils de façon à plisser la peau du front.
6. Yeux et paupières	Fermez les yeux le plus fort possible.
7. Bouche et mâchoire	Souriez d'abord de façon exagérée, et ouvrez toute grande la bouche en exerçant une pression comme si un objet sous la mâchoire offrait de la résistance.
8. Langue	Amenez le bout de la langue à l'endroit où les dents rejoignent le palais et, sans replier la langue, poussez sur le palais.
9. Cou	Penchez la tête vers l'avant et repliez le menton sur le cou.
10. Épaules	Ramenez les épaules vers l'arrière comme si les omoplates allaient se toucher et, en pointant les coudes vers le bas, descendez les épaules le plus bas possible.
11. Thorax et abdomen	En inspirant, contractez d'abord le thorax vers l'intérieur. Expirez et respirez normalement. Puis contractez le thorax vers l'extérieur. Expirez et respirez normalement.
12. Cuisse gauche	Soulevez légèrement la jambe.
13. Mollet et pied gauches	Pointez d'abord le pied vers l'avant en contractant légèrement les orteils et pointez ensuite le pied vers le visage.
14. Cuisse droite	*Idem* à la cuisse gauche.
15. Mollet et pied droits	*Idem* au mollet gauche et au pied gauche.

donc le moins possible. Après une contraction, laissez vos muscles se détendre dans la position où ils retombent sans les déplacer. Quand vous serez vraiment détendu, aucune position ne vous incommodera.

6. **Ne vous forcez pas à relaxer.** Suivez les instructions données en observant vos sensations. À force de laisser aller, vous devriez être totalement décontracté. Si vous faites des efforts pour relaxer, l'échec est garanti puisque la relaxation réside dans l'absence d'efforts.

Pour faciliter l'utilisation de cette méthode de relaxation, nous vous recommandons d'enregistrer les consignes sur cassette ou bien de vous procurer une cassette déjà enregistrée. La cassette portant le titre *Techniques de relaxation* faite par Michel Sabourin constitue un très bon choix.

La relaxation étant un apprentissage, plus vous la pratiquerez souvent, plus rapidement vous en acquerrez la maîtrise. Aussi, si vous le pouvez, pratiquez-la deux fois par jour pendant le premier mois, puis, une fois par jour. Ne vous inquiétez pas si, au début de l'entraînement, vous avez tendance à être distrait ou si vous n'obtenez pas de résultats immédiats. La concentration et les effets de bien-être viendront progressivement.

Comme vous le constaterez avec l'entraînement, la relaxation permet de remplacer l'état d'anxiété par une profonde détente du système musculaire et du système nerveux qui entraîne le repos de l'esprit. Vous connaissez sûrement les symptômes d'anxiété tels que les nausées, la transpiration, les tremblements dans les jambes et les maux de tête. Ces réponses résultent habituellement d'une tension excessive. Si vous parvenez à une relaxation profonde, ces réactions physiologiques désagréables disparaîtront.

LA RELAXATION PASSIVE

Une fois parvenu à vous détendre avec cette méthode, passez à l'étape suivante, soit l'apprentissage de la **relaxation passive.** En fait, cette méthode consiste simplement à apprendre à détendre chacun des groupes de muscles sans effectuer les contractions habituelles. Vous procédez donc à votre séance de relaxation en vous concentrant tour à tour sur chaque groupe de muscles et en cherchant à relâcher la tension simplement en vous répétant les mots «Relaxe» ou «Détends-toi». Cette étape présente des avantages majeurs pour apprendre à transférer les bienfaits de la relaxation dans vos activités quotidiennes.

Commencez à observer vos sensations de tension pendant vos activités habituelles. La détente étant associée à la consigne «Relaxe». Utilisez-la pour apprendre à détendre les parties de votre corps qui se trouvent inutilement tendues. Vous commencerez ainsi à généraliser les bienfaits apportés par cette méthode de relaxation jusque dans votre quotidien.

LA RELAXATION DIFFÉRENTIELLE

Toutes les activités quotidiennes exigent un niveau minimal de tension dans certains groupes de muscles. Un excès de tension ou la présence de tension dans des muscles qui ne sont pas nécessaires pour l'activité en cours fatigue inutilement le corps. Il s'avère donc utile de prendre l'habitude de détendre les parties du corps qui n'ont pas à être tendues. Vous pouvez prendre cette habitude pour les activités que vous effectuez régulièrement. Prenez différentes positions. Évaluez quels groupes musculaires doivent être tendus et lesquels vous pouvez détendre quand, par exemple, vous êtes debout, assis, assis au téléphone, debout transportant un objet moyennement lourd, debout en descendant un escalier, debout en faisant la vaisselle, assis en conduisant une automobile, assis en métro... N'oubliez pas de relâcher le plus possible les muscles que vous pouvez détendre dans ces différentes positions. Pratiquez cette variante de la technique de relaxation le plus souvent possible une fois que vous aurez bien appris la méthode de relaxation musculaire.

L'UTILISATION DES IMAGES MENTALES

Lorsque vous effectuez vos séances de relaxation, vous parvenez après quelque temps à induire un état intense de détente. Votre cerveau conserve en mémoire le souvenir de ce moment ainsi que les sensations alors éprouvées. Au cours de votre entraînement à la relaxation, vous emmagasinez une banque d'images mentales de détente. Il vous est alors possible à travers vos journées de réduire votre état de tension au fur et à mesure qu'il augmente en prenant des pauses-détente où, à l'aide de ces images mentales, vous induisez en quelques secondes des sensations de détente.

BÂTIR SA CONFIANCE PERSONNELLE

Nous avons parlé à quelques reprises de la tendance à la passivité et à la dépendance et du fait d'avoir été surprotégé comme étant des éléments prédisposant à l'agoraphobie. Pour augmenter vos chances de maintenir vos acquis, si ces caractéristiques vous concernent, vous avez intérêt à modifier ces aspects de votre fonctionnement. Nous vous proposons trois stratégies fort utiles pour arriver à consolider votre confiance personnelle et à devenir plus autonome.

LA RÉSOLUTION DE PROBLÈMES

Les individus ayant été surprotégés ou ayant tendance à la passivité et à la dépendance se sentent souvent totalement démunis lorsqu'ils se trouvent face à un problème. Ils deviennent très insécures, ont souvent l'impression qu'il n'y a pas d'issue et s'en remettent à leur entourage pour trouver une solution et régler leurs difficultés. Cela n'aide en rien à consolider leur confiance personnelle.

Pourtant, résoudre des problèmes, ça s'apprend. Nous vous présentons ici une approche systématique pour résoudre des problèmes lorsqu'on n'en a pas l'habitude. Bien sûr, au début, cela demande de l'effort, mais encore une fois, l'enjeu en vaut la peine car vous serez extrêmement fier de vous au fur et à mesure que vous parviendrez à régler vos problèmes vous-même.

Une précaution: expliquez votre démarche à vos proches afin qu'ils apprennent eux aussi à vous faire confiance et à moins vous conseiller. Ils peuvent se sentir valorisés de faire figure de sauveurs. Ils doivent donc être impliqués dans votre démarche pour accepter de laisser tomber ce rôle afin de vous permettre de devenir plus autonome.

Pour apprendre à résoudre des problèmes, il faut décomposer les étapes par lesquelles les gens procèdent habituellement sans s'en rendre compte. Nous vous les présentons.

1. Définir le problème le plus clairement possible

Si vous vous attardez à remarquer comment les gens vous aident lorsque vous devenez anxieux face à un problème, vous constaterez probablement qu'ils abordent le problème en posant les questions suivantes: «Qu'est-ce qui ne va pas?» «Qu'est-ce que tu veux dire par là?» «Explique-moi plus précisément, je ne comprends pas.» «Calme-toi, on va regarder ça tranquillement.» Bref, ils vous forcent à vous arrêter pour bien comprendre le problème.

Souvent, vos problèmes vous paraissent insolubles parce qu'ils sont posés de façon trop générale ou imprécise. Ils sont mal posés. La première étape vers une solution consiste donc à préciser votre problème le plus clairement possible. S'il y a plusieurs problèmes, prenez-les séparément, un à un, et précisez ce qui ne va pas.

2. Chercher de l'information

Pour bien comprendre votre problème, peut-être aurez-vous besoin de plus d'information. Elle peut provenir de l'extérieur, en lisant ou en s'informant auprès de gens spécialisés ou tout simplement en s'observant! Nous avons expliqué dans un chapitre précédent l'importance de s'observer pour se connaître et se comprendre. Vous pouvez donc essayer de remarquer dans quel contexte vous avez ce problème, quand, où, avec qui, comment il survient. En d'autres mots: Qu'est-ce qui l'a déclenché? Cela vous sera sûrement utile pour procéder à l'étape suivante.

3. Examiner toutes les solutions possibles

Votre problème étant maintenant défini de façon précise, faites une liste de toutes les solutions possibles sans juger pour l'instant de leur valeur ou de leur réalisme. Plus vous

vous laisserez aller à trouver toutes les idées possibles sans vous censurer, plus vous risquez de trouver de bonnes solutions. L'idée la plus farfelue peut parfois engendrer l'idée la plus réaliste.

4. Choisir une solution

Reprenez cette liste et examinez maintenant les avantages et les inconvénients de chaque solution. Choisissez la solution qui vous paraît la plus avantageuse. Prenez garde de ne pas chercher de solution parfaite. Ce type de solution s'avère très rare, contrairement aux bonnes solutions qui, elles, sont plus nombreuses. N'oubliez pas, comme le dit le proverbe, que: *Le mieux est l'ennemi du bien.*

5. Passer à l'action

Décidez de la façon de procéder pour appliquer votre solution et passer à l'action. Les meilleures solutions du monde ne règlent strictement rien si elles ne sont pas mises en application.

6. Faire le point

Après avoir mis votre solution en pratique, prenez le temps d'observer si le problème se règle comme vous le vouliez. Si vous n'êtes pas satisfait, reprenez chacune des étapes pour voir si vous les avez bien effectuées. Grâce à votre expérience, votre problème et sa solution vous apparaîtront peut-être sous un jour nouveau.

Le party d'Édouard

Prenons l'exemple d'Édouard qui a un trouble panique avec agoraphobie. Il vit beaucoup d'angoisse depuis quelques jours car il perçoit avoir un grave problème auquel il ne voit pas d'issue. Il se raconte que son problème est terrible, que c'est lui le problème, qu'il n'arrivera jamais à rien, qu'il risque de perdre son emploi et que sa vie est foutue. Le fait d'aborder les choses de cette façon le place dès le départ dans une situation insoluble. Nous lui enseignons alors cette technique de résolution de problèmes et il décide de l'appliquer.

La première étape consiste à définir son problème. Il se demande alors depuis quand il est angoissé. Il constate que c'est depuis que son employeur lui a demandé s'il serait présent au *party* de Noël. Or, il n'arrive pas, du moins pour l'instant, à aller dans les fêtes où il y a beaucoup de gens. Il n'a pas osé le dire à son patron et se sent alors pris pour y aller sans s'en sentir capable. Il pose donc son problème de cette façon: il s'est engagé devant son patron à aller au *party* de Noël. Le problème vient du fait qu'il ne se sent pas capable d'y aller mais ne veut pas non plus décevoir son patron en n'y allant pas.

La deuxième étape consiste à chercher de l'information. Il décide alors de demander aux autres employés s'ils seront présents à cette fête. Il constate que la majorité d'entre eux y seront, et surtout qu'un collègue assez près de lui, et connaissant son problème, sera présent. On lui confirme également que les conjoints sont invités.

Il dresse alors une liste des différentes solutions qui lui viennent à l'esprit, **sans juger pour l'instant de leur pertinence:**

- inventer un mensonge pour raconter au patron qu'il aurait voulu y aller mais en est empêché;
- ne pas y aller et souhaiter que son patron ne le remarque pas;
- demander à son médecin des calmants pour pouvoir y aller;
- se casser une jambe la veille pour avoir une excuse;
- demander à sa femme de rester près de lui pendant la fête pour le sécuriser;
- se pratiquer, pendant le mois qui vient, à aller dans des rencontres sociales pour diminuer sa peur;
- rencontrer son patron et lui expliquer son problème...

Édouard décide d'examiner cette liste de solutions possibles, se disant que si rien ne convient, il continuera d'en chercher d'autres. En l'examinant, il choisit de combiner différentes solutions pour en faire une meilleure. Cela lui déplairait beaucoup d'annoncer à son patron qu'il ne peut pas y aller. Il décide donc de travailler plutôt sur sa capacité de faire face à la situation. Comme il aimerait régler son problème d'agoraphobie, bien que cela lui fasse peur, il décide de profiter de l'occasion comme d'une motivation à se pratiquer à aller dans des situations sociales. Il demande tout de même à sa femme et à son collègue de rester près de lui s'il en a besoin car il n'est pas certain de faire disparaître sa peur complètement en l'espace d'un mois.

Il passe donc à l'action en faisant une liste des situations auxquelles il peut faire face de façon graduée et commence à s'y exposer.

Après deux semaines, il décide de faire le point. Il constate que, malgré ses progrès, il n'a pas suffisamment de temps pour se pratiquer et a encore très peur d'aller dans cet endroit qu'il ne connaît pas. Il constate alors qu'il n'a pas détaillé chaque élément de la situation qui lui faisait peur! Il décide alors de redéfinir son problème plus précisément. Cela lui permet de constater qu'il peut encore se faciliter les choses en allant voir d'avance l'endroit où se tiendra le *party*. Son collègue a alors l'idée de réserver une table près de la sortie, ce qui rendra la situation moins difficile.

Finalement, Édouard a réussi à se rendre à sa fête de Noël. Bien que cela l'ait tout de même rendu anxieux, il se sentait très fier de lui. Le fait qu'il ait pris le temps d'appliquer une stratégie de résolution de problèmes a joué un rôle très important pour changer le cours des choses. Rappelez-vous comment il percevait son problème au début. Les choses ont beaucoup changé en cours de route!

À votre tour, quand vous vous sentez dans une situation insoluble, prenez le temps d'appliquer cette stratégie de résolution de problèmes. Observez de quelle façon vous l'utilisez. Typiquement, certaines personnes se spécialisent dans la génération d'idées sans passer à l'action alors que d'autres agissent sans avoir décortiqué le problème et examiné toutes les solutions possibles. Apprenez donc à vous connaître afin de corriger vos lacunes et de devenir un «pro» de la résolution de problèmes.

LA COMMUNICATION ET L'AFFIRMATION DE SOI

L'influence de la communication et de l'affirmation de soi sur le bien-être personnel et l'estime de soi n'est plus à démontrer. Le fait de toujours contenir toutes ses émotions peut avoir des effets sur la santé physique autant que psychologique. La difficulté d'exprimer ses besoins peut mener à l'insatisfaction continuelle. L'absence d'une bonne communication entre conjoints peut créer un sentiment d'incompréhension et de solitude pénible. Ces malaises peuvent constituer des sources de stress importantes pour l'individu, le rendant ainsi plus vulnérable.

L'enseignement d'une bonne communication et de l'affirmation de soi déborde le cadre de ce livre. Nous le mentionnons toutefois car il s'agit d'un élément de santé psychologique trop important pour le passer sous silence. Dans vos relations interpersonnelles, si vous éprouvez des difficultés de communication et d'affirmation de soi, les émotions générées par ces difficultés peuvent augmenter votre stress et favoriser l'apparition de symptômes désagréables et vous rendre vulnérable. Cela s'avère autant dans le couple, au travail, avec les amis ou la famille. Vous pouvez consulter la bibliographie (p. 171) pour trouver des suggestions de lectures traitant directement de ce sujet.

LA PRISE DE DÉCISIONS ET LA PRISE DE RISQUES

Certaines personnes ne parviennent pas à prendre des décisions, souvent par peur de se tromper. Moins on prend de décisions, moins on a confiance en soi, et la roue tourne... La consolidation de votre confiance passe donc par l'augmentation graduelle de vos prises de décisions.

Nous parlons à la fois de la prise de décisions et de la prise de risques car les deux sont intimement liées. Il y a toujours un risque dans le fait de décider. Le risque de se tromper, le risque de se faire critiquer, le risque de perdre quelque chose. Mais il y a aussi le risque d'avoir raison, de réussir, de se faire féliciter, le risque d'être fier de soi.

Si vous voulez augmenter votre confiance personnelle de cette façon, la stratégie à appliquer est très simple. Ce qu'il faut, c'est surtout de la persévérance. Si vous n'avez pas l'habitude de prendre vos propres décisions, vous avez intérêt à commencer à décider dans des situations ne comportant aucune conséquence importante. Il peut s'agir de décider de votre menu au restaurant si vous avez l'habitude qu'on choisisse pour vous. Si vous laissez les autres choisir l'émission de télé de la soirée, choisissez-la à votre tour. Bref, commencez par des choix qui n'ont strictement aucune conséquence à long terme.

En agissant ainsi, vous apprendrez à mieux vous connaître. Vous découvrirez vos goûts, vos idées, vos préférences, et constaterez que la vie devient beaucoup plus intéressante et satisfaisante de cette façon. Vous gagnerez confiance dans votre possibilité de faire des choix corrects, quoique imparfaits, comme c'est le cas pour chacun d'entre nous.

Au fur et à mesure que vous progressez, apprenez à prendre plus de risques dans vos décisions. Faites parfois un choix plus inhabituel, **osez**. Si vous êtes bloqué, demandez-vous ce qui vous empêche vraiment de faire le pas suivant. Peut-être constaterez-vous alors que votre principal frein, c'est vous-même. Vous serez alors en mesure de reprendre votre progression vers une plus grande autonomie de fonctionnement.

LE SYSTÈME AGORAPHOBE

De nos jours, on parle beaucoup d'environnement, d'écosystème et d'interdépendance. On prend conscience de l'importance de la survie de chaque élément du système pour que le système survive. La disparition d'une espèce peut avoir un effet sur toute la chaîne alimentaire et ainsi entraîner la disparition d'autres espèces. En ne protégeant pas les autres espèces et l'environnement, l'humain pourrait ultimement provoquer sa propre extinction. Il s'agit d'un exemple de système. Si on agit sur un élément, cela peut provoquer des répercussions sur l'ensemble.

Quel est le lien avec le trouble panique avec agoraphobie? En fait, comme pour l'environnement, **ce problème s'érige en système.** Parce que l'agoraphobe évite, son entourage le surprotège ou le dévalorise. Parce qu'il ne sort pas, il peut devenir déprimé, ce qui le porte à s'isoler encore plus. Parce qu'il a peur d'avoir peur, il perd confiance en son propre corps et a l'impression que la menace se trouve en lui, ce qui le rend plus anxieux, augmente ses symptômes et le renforce dans sa peur.

Le TPA constituant un système, les gens se demanderont souvent par où commencer. Comme l'expression le dit si bien, «ils ne savent plus par quel bout prendre le spaghetti». Peu importe la partie du problème par laquelle ils veulent commencer, il y a toujours un «mais». Ils voudraient bien foncer *mais* ils ont peur de leurs sensations. Ils voudraient bien relaxer pour diminuer leurs sensations *mais* ils ont peur d'être seuls. Ils voudraient bien prendre une décision *mais* ils ont peur de se tromper et d'être critiqués.

Il se peut que vous viviez ce problème et n'arriviez pas à entreprendre le traitement. Si vous cherchez une solution ou un traitement linéaire allant directement du point A au point Z, vous ne réussirez pas. La réalité veut que vous ayez parfois à passer de A à F pour revenir à C en passant par S. Le travail que vous ferez sur un aspect aura des répercussions ailleurs et **vous ne pourrez pas tout contrôler.** Cela vous rendra inconfortable et vous devrez composer avec certains problèmes au fur et à mesure qu'ils se présenteront. Les autres réagiront à votre démarche. Eux aussi seront dérangés dans leurs habitudes de protection ou de contrôle.

Vous pouvez cependant vous encourager en regardant les avantages de modifier des parties du système. En ayant moins peur de vos sensations, vous retrouverez votre autonomie dans plusieurs situations, ce qui vous redonnera confiance et vous aidera à reprendre contact avec les autres. Ceux-ci vous proposeront alors des activités qui vous inciteront à continuer à progresser. Cela consolidera votre estime personnelle, ce qui vous aidera à prendre vos décisions et à vous affirmer avec les gens qui abusent de vous. Ainsi, une influence positive sur une partie du système peut influencer d'autres parties et ainsi vous faire vivre des effets positifs non prévus. Le plus important consiste donc à commencer à modifier des éléments du système en sachant qu'on ne peut tout contrôler en même temps. Cela peut également vous aider d'obtenir la collaboration de certains éléments du système, c'est-à-dire de vos proches.

LA COLLABORATION DE L'ENTOURAGE

Pour minimiser la résistance au changement et obtenir la collaboration de vos proches, expliquez-leur votre démarche. Vous pouvez leur proposer de lire le livre ou certains extraits qui leur permettraient de mieux comprendre votre problème. Cependant, il demeure primordial que vous demeuriez la première personne responsable de votre démarche. Le chemin de l'autonomie passe par votre propre prise en charge. Ne comptez donc pas sur vos proches pour planifier le traitement à votre place, ce serait vous jouer un vilain tour.

Afin de vous encourager et de vous soutenir, vous pouvez cependant demander leur collaboration de différentes façons. Nous vous en suggérons quelques-unes:

- Il peut être utile, afin de graduer la difficulté d'un exercice, qu'un de vos proches vous accompagne la première fois que vous vous rendez dans un lieu redouté. Par la suite, la personne pourrait vous attendre à l'extérieur jusqu'à ce que vous puissiez y aller seul.
- Quand vous avez un moment de découragement, vous pouvez demander à la personne de vous rappeler vos bons coups. Vous pouvez également vous rappeler vos progrès en consultant votre journal de bord.
- Si votre conjoint prend toujours les décisions à votre place, vous pouvez commencer à décider par vous-

même en lui demandant de ne pas critiquer vos décisions afin que vous retrouviez confiance en vous.

Ces exemples constituent un point de départ pour demander la collaboration de votre conjoint ou de vos proches. Vous devrez cependant prendre le temps d'examiner le plus précisément possible quels sont les comportements et les attitudes qui vous aident et quels sont ceux qui vous nuisent. Plus vous en aurez conscience, plus vous pourrez en parler clairement avec eux, afin de leur expliquer comment collaborer.

NE PAS TRAITER TOUT LE SYSTÈME

Très souvent, les gens atteints du trouble panique avec agoraphobie sont tentés d'arrêter le traitement dès qu'ils ont retrouvé un certain bien-être et une autonomie minimale. Si cela se présente dans votre cas, nous tenons à vous mettre en garde contre les conséquences de ce choix afin que vous preniez une décision éclairée. Le risque que comporte une telle décision se pose en termes de maintien des acquis. Nous venons d'expliquer le phénomène du système qui prévaut dans ce trouble. Vous comprendrez alors que de négliger le traitement d'une des parties du système peut augmenter le risque de développer à nouveau ce problème.

Chaque élément ne comporte pas autant de risques. Ainsi, la décision de ne pas reprendre l'avion dans le cas de quelqu'un qui l'a déjà pris ne pose pas vraiment de problème dans la mesure où ce n'est pas une situation qu'il continue d'éviter tous les jours, maintenant ainsi le système d'évitement en place. Par contre, le fait de toujours prendre le taxi pour se rendre au travail, évitant ainsi d'affronter sa peur quotidienne de l'autobus, maintient l'agoraphobe dans une condition beaucoup plus vulnérable.

Si vous décidez de ne pas traiter un aspect de votre problème, prenez donc le temps de considérer l'effet à long terme que cela risque d'avoir sur le maintien de vos acquis.

PROBLÈMES COMPLEXES, MULTIPLES, ET ÉCHEC DU TRAITEMENT

Nous vous avons proposé une démarche vous permettant de traiter vous-même votre trouble panique avec agoraphobie. La plupart d'entre vous réussiront à la mettre en pratique seuls, avec l'aide de leur psychologue ou d'un autre intervenant. Toutefois, certaines personnes ne réussiront pas à utiliser, à mettre en pratique de manière satisfaisante les recommandations de ce livre. D'autres éprouveront des phases de plateau, c'est-à-dire atteindront des moments où il n'y aura plus de progrès. De plus, pour un nombre restreint, il n'y aura que peu ou pas d'amélioration, ils feront face alors à un échec du traitement. Plusieurs facteurs peuvent expliquer ces résultats parfois décevants et limités.

Si vous avez progressé régulièrement mais, subitement, ne vous améliorez plus, il ne faut pas vous décourager. Vous devez poursuivre votre démarche thérapeutique. Ce phénomène de plateau est un phénomène normal. Continuez à mettre en pratique vos exercices, il est fort possible qu'après un certain temps vous allez de nouveau progresser. Profitez de cette période pour réévaluer la pertinence de vos exercices, leur niveau de difficulté, et pour vous centrer sur les progrès accomplis jusqu'à maintenant. Prenez cette occasion pour réexaminer les facteurs de maintien, les facteurs déclenchants de votre problème. Peut-être que les facteurs ciblés en début de traitement ont changé ou que d'autres se sont ajoutés. Si c'est le cas, modifiez votre traitement en conséquence.

Il y a d'autres raisons qui peuvent restreindre le progrès. C'est le cas des gens qui vivent une autre difficulté majeure qui vient s'ajouter au problème d'agoraphobie. Habituellement, ces gens sont très perturbés par le problème.

Il peut s'agir, par exemple, de quelqu'un qui vit une dépression profonde en même temps que le TPA. Cette personne se sentira incapable de mettre en pratique les stratégies proposées, étant convaincue que ça ne marchera pas à cause de son sentiment dépressif.

Il peut s'agir également d'une personne ayant des difficultés tellement intégrées dans son fonctionnement que, pour ainsi dire, elles font partie de sa personnalité. Cela ne signifie pas que ces personnes ne peuvent changer mais qu'elles devront faire un travail soutenu sur ces aspects en même temps que sur leur trouble panique avec agoraphobie.

Dans le cas où une personne vit un TPA compliqué par un autre problème important, nous croyons peu probable qu'elle parvienne à changer seule. Ces personnes ont besoin de l'aide soutenue d'un professionnel pour parvenir à régler leurs difficultés. Nous leur suggérons alors de faire appel à un psychologue qui saura diagnostiquer leurs difficultés et les aider à retrouver une meilleure qualité de vie. Le traitement sera probablement plus long à cause de la complexité du problème. Vous devrez alors accepter que vos problèmes ne pourront se régler tous à la fois et qu'il faudra peut-être les prendre un à un.

Un autre facteur pouvant contribuer à des résultats limités ou à un échec peut provenir tout simplement d'un mauvais diagnostic. Il est possible que la personne, à cause de symptômes similaires à ceux vécus par les personnes avec un TPA, croie avoir cette problématique alors qu'il n'en est rien. Elle a donc préalablement posé un mauvais diagnostic. Cette dernière doit relire attentivement les causes du trouble panique, les facteurs prédisposants, déclenchants et d'entretien, elle doit particulièrement relire les critères diagnostiques du trouble et, le cas échéant, en discuter avec un professionnel avant de poursuivre l'application des stratégies, qui ne sont peut-être pas appropriées pour son problème.

Si la personne ayant un TPA fait face à un échec lors de l'application de son autotraitement, elle ne doit pas se décourager, ce n'est pas une catastrophe. Il est possible que le problème soit trop ancré ou trop difficile pour qu'elle applique seule et de manière satisfaisante le traitement. Elle doit alors consulter un spécialiste en thérapie cognitivo-comportementale pour l'aider dans sa démarche. Qui plus est, pour des raisons encore obscures, il y a un faible pourcentage d'individus (10 à 15 %) qui répondent peu ou pas de manière satisfaisante à ce type d'intervention. Heureusement, il existe d'autres formes de thérapies efficaces, d'autres stratégies d'intervention pour pallier le problème. La personne doit consulter un psychologue pour obtenir une évaluation précise de sa problématique, afin d'être prise en charge ou de connaître les ressources alternatives auxquelles elle pourra avoir recours.

Avant de conclure, un mot sur les groupes d'entraide.

LES GROUPES D'ENTRAIDE

Il y a de plus en plus de groupes d'entraide pour les individus souffrant d'un trouble panique avec agoraphobie. Très souvent, les gens ont gravité plus ou moins longtemps dans un de ces groupes avant de venir consulter ou ont été référés par les personnes responsables de ces groupes. Ces groupes sont-ils bénéfiques pour l'agoraphobe, sont-ils nécessaires, doit-on les fréquenter, ont-ils leur place, etc.? Nous allons tenter de répondre dans la mesure du possible à ces questions. Nous allons d'abord préciser ou définir les buts et les objectifs des groupes d'entraide en général et par la suite nous allons formuler nos recommandations et préoccupations concernant ces groupes.

QUE SONT-ILS?

Les groupes d'entraide sont des petits groupes autonomes et ouverts qui se réunissent régulièrement. Les membres de ces groupes partagent un vécu commun de souffrance et un sentiment d'égalité. Habituellement, on retrouve comme activité principale de ces groupes le soutien moral face à une problématique particulière (ex: alcoolisme, toxicomanie, phobie, violence, décès), le partage d'expériences et d'informations par la discussion. Les activités des membres de ces groupes d'entraide sont souvent orientées vers les changements sociaux et leur activité est généralement bénévole. Les activités les plus représentatives de ces groupes sont les rencontres de groupe et le parrainage.

Ces rencontres de groupe favorisent le partage personnel, l'initiation d'activités éducatives et informationnelles pour les membres et le public, et à l'occasion des mouvements de pression auprès des pouvoirs publics. Il peut y avoir d'autres activités telles l'écoute téléphonique, des visites à des personnes éprouvées, la publication d'un bulletin de nouvelles et d'informations, l'offre de renseignements à la population, des conférences publiques pour se faire connaître ou pour permettre à un invité de s'exprimer.

La plupart des membres actifs de ces groupes affirment que les facettes les plus appréciées à l'intérieur des activités du groupe sont: 1) le soutien émotif comme se sentir accepté, pouvoir exprimer ses émotions, sentir un entourage réconfortant, se voir offrir de l'espoir et l'assurance que leur comportement est normal; 2) la rencontre de personnes vivant des problèmes semblables et la possibilité de créer de nouveaux liens; 3) la révélation de soi ou la possibilité pour quelqu'un de se raconter, de dire sa souffrance, de révéler ses secrets intimes; 4) la clarification d'un problème où le groupe d'entraide permet à ses membres de s'attaquer à un problème à la fois en l'analysant et en essayant des solutions; 5) l'information comparative qui permet à une personne de connaître, par exemple, la fréquence de ce problème dans la population, etc.

LES GROUPES D'ENTRAIDE
ET LE TROUBLE PANIQUE AVEC AGORAPHOBIE

Généralement, le but des associations d'entraide pour les agoraphobes consiste à développer des services pour sortir l'agoraphobe de son isolement, l'amener à chercher de l'aide professionnelle et informer le grand public, les professionnels sur cette problématique. Les groupes d'entraide fonctionnent avec les modestes apports de leurs membres et bénéficient peu ou pas des finances publiques. Il est intéressant de constater que dans la mesure où ils peuvent aider certaines personnes à redevenir fonctionnelles (informations, support, conseils, références) ou à les réintégrer sur le marché du travail, il y a là une économie potentielle non négligeable.

On dispose de peu d'informations sur les groupes d'entraide pour les agoraphobes dans le monde, sinon qu'il en existe plusieurs aux États-Unis et au Canada. Aux États-Unis, le *National Panic/Anxiety Disorder Newsletter* s'adresse aux personnes, aux professionnels et aux groupes de support. Depuis bientôt deux ans, existe également l'ATAQ, un groupe québécois d'étude sur les troubles anxieux formé de différents professionnels et d'agoraphobes. En fait, au Québec, le mouvement des groupes d'entraide a commencé en 1980 dans un hôpital anglophone, l'hôpital Général de Montréal, puis a été imité du côté francophone par la Fondation canadienne des agoraphobes.

À partir de 1984, l'Association d'entraide pour les agoraphobes voyait le jour à l'hôpital Louis-Hippolyte Lafontaine et devait être à l'origine de plusieurs ramifications à travers la province. Il y a présentement environ une trentaine de groupes d'entraide pour les agoraphobes à travers le Québec. Cependant, il ne s'agit pas d'un réseau homogène avec des objectifs similaires et un plan de développement, de fonctionnement intégré. On peut même sentir certaines tensions ou des divergences dans leurs structures qui semblent en compétition. Des groupes se forment régulièrement tandis que d'autres disparaissent et il est très difficile d'en tenir une liste à jour.

Plusieurs groupes ont intégré à leur structure des personnes-ressources possédant une expertise professionnelle dans l'évaluation et le traitement des troubles anxieux. D'autres ne l'ont pas fait et on peut s'interroger sur la qualité de l'information divulguée à leurs membres. Certaines associations fonctionnent de façon définitivement inquiétante et risquent de faire plus de tort que de bien aux membres qui y adhèrent de bonne foi.

DOIT-ON S'INSCRIRE À CES GROUPES D'ENTRAIDE?

Il est très difficile de répondre à cette question. Tout dépend de vos besoins et de ce que peut offrir le groupe. Il faut avant toute chose vous informer sur les buts et objectifs du groupe (Sont-ils réalistes? Sont-ils miraculeux? Si oui, méfiez-vous, ont-ils un pamphlet, une charte expliquant l'orientation de l'association? etc.), sur les services offerts (soirée d'information, aide téléphonique, bulletin d'information, groupe de soutien, conférences pertinentes, etc.), sur la crédibilité de l'association (composition du comité administratif, durée de vie, apport de professionnels, etc.).

Si les objectifs du groupe répondent à vos besoins et que ce dernier semble crédible, ouvert et accessible, vous n'avez rien à perdre à tout le moins à assister aux premières réunions, à utiliser les ressources du groupe et à vous faire votre propre idée concernant les bénéfices que vous pouvez en retirer. Comme nous l'avons mentionné antérieurement, il est parfois bénéfique avec l'aide de ces groupes d'obtenir de l'information précise sur le problème, de rencontrer des semblables, de démystifier, de clarifier le problème, d'exprimer sa souffrance, de se révéler, d'obtenir du soutien, de l'entraide.

Cependant, soyez vigilant. Il y a certains risques à fréquenter certaines des associations. Il faut surtout savoir, avant toute chose, que ces groupes d'entraide ne sont pas habilités pour vous offrir des traitements efficaces pour votre problématique, ni même pour établir une évaluation précise et détaillée de vos symptômes. Alors, méfiez-vous des regroupements qui vous font miroiter la possibilité de traitements et par surcroît de traitements miraculeux. En effet, certains groupes proposent des traitements, des stratégies d'intervention qui relèvent plutôt de la compétence de professionnels.

Un autre risque pour la personne aux prises avec un trouble panique est que le groupe ne réponde pas à ses besoins parce que l'objectif du groupe est différent du sien ou encore parce que l'attitude ou le comportement d'anciens membres ou de certains membres interfère avec celui du nouveau membre que vous êtes. Il peut y avoir également le contrôle excessif ou la domination de certaines personnes dans le groupe. Cette attitude peut refléter le goût du pouvoir ou encore l'impatience d'anciens membres se traduisant par des conseils plus ou moins judicieux donnés sans qu'on ait pris le temps de vous écouter. Faite attention, il arrive également parfois dans certains groupes que des personnes ayant des problèmes psychologiques différents s'intègrent pour toutes sortes de raisons ou fassent partie des réunions, ce qui a pour effet de perturber le fonctionnement de ces groupes.

L'AVENIR DES GROUPES D'ENTRAIDE

Il ne fait aucun doute pour nous que les groupes d'entraide pour les gens atteints d'un trouble panique avec agoraphobie ont leur utilité, leur place, et semblent prometteurs. Ce type d'association comble certains besoins (information, soutien, écoute téléphonique, entraide, etc.), favorise l'autonomie de l'individu et offre une aide complémentaire à celle offerte par les professionnels. Comme l'avènement de ces groupes est récent, et compte tenu du fait qu'au Québec on note l'éclosion d'un nombre élevé d'associations, il semble essentiel qu'il y ait une intégration harmonieuse de ces groupes, avec des buts et objectifs similaires ou complémentaires. De plus, nous croyons nécessaire l'intégration d'une ressource professionnelle qualifiée à la structure de chaque groupe d'entraide. La formation des professionnels à l'entraide et aux groupes d'entraide nous semble également de mise.

Résumé et conclusion

Dans ce chapitre, nous avons examiné plusieurs avenues de travail personnel visant à améliorer la qualité de vie et le bien-être d'un individu. Nous avons parlé de relaxation, de résolution de problèmes, de communication, de prise de décisions. Comme ces stratégies ne sont pas spécifiques au traitement de l'agoraphobie mais visent un mieux-être général, il se peut que vous vous sentiez concerné par chacune d'entre elles. Cela ne veut pas dire qu'elles s'avèrent toutes primordiales. On peut toujours s'améliorer en tout, mais certains points priment toujours sur d'autres. Voyez donc ce qui est le plus pertinent pour vous. Comme le montre l'explication de système, l'important est de commencer quelque part. Nous avons abordé certains cas où les gens auront besoin de l'aide d'un professionnel pour arriver à mettre en application la stratégie d'autotraitement proposée. Nous avons terminé en parlant des groupes d'entraide.

Le *voyage guidé* que nous avons entrepris ensemble prend ainsi fin. Tout au long de ces pages, nous vous avons accompagné dans votre démarche, en espérant que chaque pas en soit un vers le mieux-être. Certains moments ont sûrement été plus difficiles, alors que d'autres vous rendaient euphorique. Tous ces pas vous menaient vers l'allègement d'une souffrance inutile et vers une meilleure qualité de vie. Certaines des techniques employées sont probablement devenues une partie intégrante de vous-même, alors que vous devez continuer à en appliquer d'autres de façon volontaire. C'est par ces moyens qui sont devenus votre propriété que nous continuerons à vous accompagner sans être là. Continuez de vous aimer assez pour vous aider ou vous faire aider quand vous en aurez besoin. La vie constitue une aventure fascinante et enrichissante si l'on se donne les moyens de pouvoir la goûter. Nous souhaitons vivement avoir contribué, à notre façon, à augmenter votre plaisir de vivre.

Bonne chance!

Bibliographie

*Livres spécialisés dans l'évaluation
et le traitement du trouble panique et de l'agoraphobie*

SYNTHÈSE

Barlow, D. H. (1988). *Anxiety and its disorders.* New York: Guilford.

Barlow, D. H. & Waddell, M. T. (1985). «Agoraphobia». *In* D.H. Barlow (Ed.), *Clinical Handbook of Psychological Disorders* (p. 1-68). New York: Guilford Press.

Beck, A. T., Emery, G. & Greenberg, R. L. (1985). *Anxiety disorder and Phobias: A cognitive perspective.* New York: Basic Book.

Cottraux, J. et Mollard E. (1986). *Les phobies: perspectives nouvelles.* Presses universitaires de France, série Nodule, Paris.

Goldstein, A. J. (1982). «Agoraphobia: Treatment successes, treatment failures, and theorical implications». *In* Chambless, D. L. & Goldstein, A. J. (Eds.). *Agoraphobia: Multiple perspectives on theory and treatment* (p. 183-213). New York: Wiley.

Hallam, R. S. (1985). *Psychological perspective on Panic and Agoraphobia.* New York: Academic Press.

Lassonde, L. et Fontaine, R. (1986). *Mieux comprendre son anxiété et celle de ses proches.* Les éditions JML: Saint-Hyacinthe.

Marks, I. M. (1987). *Fears, phobias and rituals.* New York: Oxford University Press.

Marks, I. M. (1989). *Vivre avec son anxiété.* Traduit et adapté par Yves Lamontagne. Éditions du Jour: Montréal.

Mathews, A. M., Gelder, M. G. & Johnston, D. W. (1981). *Programmed practice for agoraphobia: i) Clients Manual, ii) Partner's manual.* Tavistock publication: London.

Mathews, A. M., Gelder, M. G. & Johnston, D. W. (1981). *Agoraphobia: Nature and treatment.* New York: Guilford Press.

Michelson, L. K. & Machione, K. (1991). «Behavioral, Cognitive and Pharmacological treatments of panic disorder with agoraphobia: Critique et synthèse». *In Journal of Counsulting and Clinical Psychology, 59,* 100-114.

Newman, F. (1985). *Fighting Fear: The Eight-Week program for treating your phobias* (p. 27-54). New York: Bantam Books.

O'Brien, G. T. & Barlow, D. H. (1984). «Agoraphobia». *In* S. M. Turner (Ed.), *Behavioral treatment of anxiety disorders* (p. 143-185). New York: Plenum.

Vines, R. (1987). *Agoraphobia: the fear of panic.* Fontana/Collins: London.

Walker, J. R., Norton, R. & Ross, C. A. (1991). *Panic disorder and agoraphobia: a comprehensive guide for the practitioner.* Pacific Grove CA; Brooks Cole.

Weekes, C. (1977). *Agoraphobia: simple effective treatment.* Angus & Roberston: London.

Wilson, R. R. (1986). *Pas de panique: pour vaincre vos attaques d'anxiété.* Traduit par Jacques Vaillancourt. Éd. de l'Homme: Montréal.

Zinberg, R. E., Barlow, D. H., Brown, T. A. & Hertz, R. M. (1992). «Cognitive behavioral approaches to the nature and treatment of anxiety disorders». *Annual Review of Psychology, 43,* 235-267.

DÉFINITION ET SYMPTOMATOLOGIE

De Moor, W. (1985). «The topography of agoraphobia». *In American Journal of Psychotherapy, 39,* 370-388.

Norton, R., Walker, J. R. & Ross, C. A. (1991). «Panic disorder and agoraphobia: An introduction». *In* J. R. Walker, R, Norton & C. A. Ross (Eds.). *Panic disorder and agoraphobia: a comprehensive guide for the practitioner* (p. 3-15). Pacific Grove CA; Brooks Cole.

Shaw, B. P., Segal, Z., Vallis, M. et coll. (1987). *Anxiety disorders: Psychological and biological perspectives.* New York: Plenom.

ÉVALUATION

Gaudette, G., Goupil, G. & Bérard, J. M. (1984). «Analyse behaviorale de l'agoraphobie en entrevue». *In Revue de modification du comportement, 14,* 41-47.

Jacob, R. G. & Lilienfeld, S. O. (1991). «Panic disorder: Diagnosis, medical assessment and psychological assessment». *In* J. R. Walker, R, Norton & C. A. Ross (Eds.). *Panic disorder and agoraphobia: a comprehensive guide for the practitioner* (p. 16-102). Pacific Grove CA; Brooks Cole.

Williams, S. L. (1985). «On the nature and measurement of agoraphobia». *In Progress in behavior modification, 19,* 109-144.

ÉTIOLOGIE

Lader, M. (1991). «The biology of panic disorder: A long term view and critique». *In* J. R. Walker, R. Norton & C. A Ross (Eds.). *Panic disorder and agoraphobia: a comprehensive guide for the practitioner* (p. 150-174). Pacific Grove CA; Brooks Cole.

Thorpe, G. L. & Burns, L. E. (1983). *The agoraphobic syndrome: Behavioural approaches to evaluation and treatment.* Chichester, England: Wiley.

Thorpe, G. L. & Hecker, J. E. (1991). «Psychosocial aspects of panic disorder». *In* J. R. Walker, R. Norton & C. A. Ross (Eds.). *Panic disorder and agoraphobia: a comprehensive guide for the practitioner* (p. 175-208). Pacific Grove CA; Brooks Cole.

TRAITEMENT COMPORTEMENTAL

Boisvert, J. M. & Beaudry, M. (1979). *S'affirmer et communiquer*. Éd. de l'Homme: Montréal.

Chambless, D. L. (1985). «Agoraphobia». *In* M. H. Hersen et A. S. Bellack (Eds.). *Handbook of Clinical Behavior Therapy with adults* (p. 49-87). New York: Plenum Press.

Chambless, D. L. & Goldstein, A. J. (1980). «Agoraphobia». *In* A. J. Goldstein & E. B. Foa (Eds.). *Handbook of behavioral interventions* (p. 322-415). New York: Wiley.

Chambless, D. L. & Goldstein, A. J. (1981). «Clinical treatment in agoraphobia». *In* M. Mavissakalian & D. H. Barlow (Eds.). *Phobia: Psychological and pharmacological treatment* (p. 103-144). New York: Guilford.

Emmelkamp, P. M. G. (1982). «*In* vivo treatment of agoraphobia». *In* D. L. Chambless & A. J. Goldstein (Eds.). *Agoraphobia: Multiple perspective on theory and treatment* (p. 43-75). New York: Wiley.

Jansson, L. & Ost, L. G. A. (1982). «Behavioral treatments for agoraphobia: An evaluative review». *In Clinical Psychology Review, 2,* 311-337.

Marchand, A. & Bérard, J. M. (1982). «Revue critique des traitements des phobies: perspectives et avantages du traitement en groupe». *In Journal de thérapie comportementale,* n° 1.

Marchand, A. & Comeau, S. (1987). «L'exposition *in vivo* : conseils pratiques pour les intervenants». *Revue de modification du comportement, 17,* 179-195.

Mathews, A. M., Teasdale, J., Munby, M., Johnston, D. & Shaw, P. (1977). «A home based treatment program for agoraphobia». *In Behavior Therapy, 8,* 915-924.

Mollard E. & Cottreaux J. (1984). «L'agoraphobie». *In* P. Mardaga (Ed.). *Clinique de thérapie comportementale*. Éd. Études Vivantes: Saint-Laurent, Québec.

Rapee, M. R. & Barlow, D. H. (1991). «The cognitive behavioral treatment of panic attacks and agoraphobia avoidance». *In* J. R. Walker, G. R. Norton & C. A. Ross (Eds.). *Panic disorder and agoraphobia: a comprehensive guide for the practitioner*. Pacific Grove CA; Brooks Cole.

TRAITEMENT COGNITIF

Auger, L. (1977). *Vaincre ses peurs*. Éd. de l'Homme: Montréal.

Auger, L. (1974). *S'aider soi-même*, Éd. de l'Homme: Montréal.

Beck, A. T. (1988). «Cognitive approaches to panic disorder: theory and therapy». *In* S. Rachman et J. D. Maser (Eds.). *Panic: psychological perspective*. New Jersey: Erlbaum.

Clark, D. M. (1989). «Anxiety states: panic and generalized anxiety». *In Cognitive behaviour therapy for psychiatric problems: A practical guide* (ed. K. Hawton, P. M. Salkovskis, J. Kirk & D. M. Clark) (p. 52-96). Oxford University Press.

Clark, D. M. & Beck, A. T. (1988). «Cognitive approaches». *In Handbook of anxiety disorders* (ed. C. Last & M. Hersen) (p. 362-385). New York: Pergamon.

Clark, D. M. & Salkovskis, P. M. (1992). *Cognitive therapy for panic and hypocondriasis*. New York: Pergamon.

Michelson, L. K. & Machione, K. (1991). «Behavioral, Cognitive and Pharmacological treatments of panic disorder with agoraphobia: Critique et synthèse». *In Journal of Counsulting and Clinical Psychology, 59*, 100-114.

Rapee, M. R. & Barlow, D. H. (1991). «The cognitive behavioral treatment of panic attacks and agoraphobia avoidance». *In* J. R. Walker, G. R. Norton & C. A. Ross (Eds.). *Panic disorder and agoraphobia: a comprehensive guide for the practitioner*. Belmond, California: Brooks/Cole Publishing Compagny.

Zinberg, R. E., Barlow, D. H., Brown, T. A. & Hertz, R. M. (1992). «Cognitive behavioral approaches to the nature and treatment of anxiety disorders». *In Annual Review of Psychology, 43*, 235-267.

TRAITEMENT EN GROUPE

Hand, I., Lamontagne, Y. & Marks, I. M. (1974). «Group exposure (flooding) in vivo for agoraphobics». *In British Journal of Psychiatry, 124*, 588-602.

Jasin, S. (1983). «Cognitive-Behavioral Treatment of Agoraphobia in Group». *In* A. Freeman (Eds). *Cognitive Therapy with Couples and Groups* (p. 199-220). New York: Plenum Press.

Jones, R. B., Sinnot, A. & Fordham, A. S. (1980). «Group in vivo exposure augmented by the counselling of significant others in the treatment of agoraphobia». *In Behavioral Psychotherapy, 8*, 31-35.

Marchand, A., Boisvert, J. M., Beaudry, M., Bérard, J. M. & Gaudette, G. (1984). «Le traitement de l'agoraphobie en groupe: perspectives intéressantes». *In Revue de modification du comportement, 14*, 5-13.

Marchand, A., Boisvert, J. M., Beaudry, M., Bérard, J. M. & Gaudette, G. (1985). «Le traitement de l'agoraphobie en groupe avec ou sans partenaire». *In Revue québecoise de psychologie, 6*, 36-49.

Sinnott, A., Jones, R. B., Scott-Fordham, A. & Woodward, R. (1981). «Augmentation of in vivo exposure treatment for agoraphobia by the formation of neighborhood self-help groups». *In Behaviour Research and Therapy, 19*, 339-347.

Zitrin, C. M., Klein, D. F. & Woerner, M. G. (1980). «Treatment of agoraphobia with group exposure in vivo and imipramine». *In Archives of General Psychiatry, 37*, 63-72.

RELAXATION

Jacobson, E. (1980). *Savoir relaxer*, Éd. de l'Homme: Montréal.